VERONIKA WENGERT

Was Sie dachten

NIEMALS

über

KROATIEN

wissen zu wollen

**55 ungetrübte Einblicke
in ein sonniges Adrialand**

**CON
BOOK.**

www.conbook-verlag.de

Textredaktion: Meike Key, Rueil-Malmaison, Frankreich
Einbandgestaltung: Weiß-Freiburg GmbH, Grafik und Buchgestaltung unter Verwendung der Motive von balounm/Shutterstock.com und Melinda Nagy/Shutterstock.com
Satz: Röser MEDIA, Karlsruhe
Druck und Verarbeitung: Multiprint, Bulgarien

ISBN 978-3-95889-336-8
893368 01 22 6

Die in diesem Buch dargestellten Zusammenhänge, Erlebnisse und Thesen entstammen den Erfahrungen und/oder der Fantasie der Autorin und/oder geben ihre Sicht der Ereignisse wieder. Etwaige Ähnlichkeiten mit lebenden Personen, Unternehmen oder Institutionen sowie deren Handlungen und Ansichten sind rein zufällig. Die genannten Fakten wurden mit größtmöglicher Sorgfalt recherchiert, eine Garantie für Richtigkeit und Vollständigkeit können aber weder der Verlag noch die Autorin übernehmen. Lesermeinungen gerne an feedback@conbook.de.

Folgen Sie uns!

Wir informieren Sie gerne und regelmäßig über Neuigkeiten aus der Welt des CONBOOK Verlags. Folgen Sie uns für News, Stories und Informationen zu unseren Büchern, Themen und Autoren.

www.conbook-verlag.de/newsletter

 www.facebook.com/conbook

 www.instagram.com/conbook_verlag

INHALT

KROATIEN IST ANZIEHEND WIE EIN HOSENROCK

Kroatien ist zum Anbeißen! Ein herrlich fluffiges Vanillekipferl, dessen gebogener Rücken sich an das Nachbarland Slowenien schmiegt. Und während das östliche Ende in Richtung Serbien ganz behäbig und weit ausläuft, eher wie eine Bockwurst, verjüngt sich das andere Ende nach Süden hin, entlang der Adriaküste. Den hohlen Bauch des Kipferls füllt Bosnien und Herzegowina aus. Ein Vanillekipferl? Eine Bockwurst? Solche Bilder im Kopf entstehen, wenn man mit knurrendem Magen schreibt ...

Die Kroaten lieben Genuss und gutes Essen. Und die Autorin hat kroatische Wurzeln, also scheint dieser Einstieg naheliegend. Um Low-Carb-Foodies und Vegetariern gerecht zu werden, ist der Vergleich mit einem neutralen Kleidungsstück vielleicht besser: Kroatien sieht nämlich aus wie eine liegende Hose mit einem XL-Gesäßteil, das sich von der Kvarner Bucht über die Hauptstadt Zagreb bis zur ungarischen Grenze hinaufzieht. Istrien, die größte kroatische Halbinsel und Lieblingsbadewanne deutscher und österreichischer Urlauber, wäre in diesem Fall eine weit herausstehende Hosentasche (das klingt ziemlich unromantisch, denn eigentlich ist Kroatiens größte Halbinsel ja herzförmig!). Das Schnittmuster wäre asymmetrisch: Das obere Bein, das über Slawonien, die »Kornkammer« Kroatiens verläuft, erstreckt sich zwischen Drau, Donau und Save. Es wirkt wie die Hälfte eines Hosenrocks. Das linke Bein erinnert hingegen an eine Steghose. Sie wissen schon, diese Hosen aus den 1980er-Jahren, die sich nach unten hin verengen und mit einem Gummizug über den Fuß gespannt werden (wie Kleinkinder-Matschhosen). Bis die Steghose Montenegro im Süden erreicht, wird sie auf Wadenhöhe von der Küstenstadt Neum durchbrochen, die zu Bosnien und Herzegowina gehört. Die Hose könnte ein paar Nieten zum Aufpeppen vertragen? Denken Sie sich diese in Form von mehr als 1.000 Inseln hinzu, die sich entlang der Adria verteilen.

Von sanften Hügeln über dichte Wälder bis hin zu kargem Hinterland und blühenden Küstenstädten vereint Kroatien viele Regionen in sich. So vielfältig die Landschaften sind, so bunt sind auch die Mentalität und Mundarten der Bewohner: Im Nordwesten wird das

Erbe Österreich-Ungarns mit *kremšnite* (Cremeschnitten), *palčinke* (Pfannkuchen) und deutschen Lehnwörtern in der Umgangssprache noch gepflegt, während die Adriaregion von südländischer Leichtigkeit und mediterraner *Fjaka* geprägt ist. Eine Spur temperamentvolles Balkanerbe darf nicht fehlen und hat durchaus seinen Reiz. Kurzum: Ein Kroate aus dem Međimurje hat mehr mit einem Slowenen aus dem angrenzenden Prekmurje-Gebiet gemeinsam als mit einem Inselbewohner auf Korčula in Süddalmatien. Das wäre ungefähr so, als würden Sie einen Oberbayern auf die Insel Fehmarn schicken – sprachlich und kulturell gesehen. Aber: Wenn die Fußballnationalmannschaft aus dem Ausland in die Hauptstadt Zagreb zurückkehrt, sind alle einmütig Kroaten und schwenken die rot-weiß-blaue Flagge. Dann zählt nur Kroatien, das Land der Vielfalt – Vanillekipferl, Bockwurst oder Hosenrock, ganz wie Sie mögen.

IN KROATIEN ZÄHLEN NUR AUTOS MIT STERN

Statussymbol Mercedes

Imotski ist eine beschauliche Kleinstadt im dalmatinischen Hinterland. Kaum jemand würde hier einen Weltrekord vermuten, mit dem nicht mal Moskau oder Dubai mithalten können: In Imotski gibt es nämlich, gemessen an der Einwohnerzahl, so viele Mercedes-Benz-Automobile wie nirgendwo sonst auf der Welt! Ob Sie es glauben oder nicht: Von rund 16.000 registrierten Fahrzeugen hat die Hälfte einen Stern auf der Kühlerhaube. Nicht nur Privatleute, sondern auch die Feuerwehr oder Fahrschulen setzen auf die schwäbische Automarke. Da gibt es den örtlichen Pfarrer, der mit fast 80 Jahren noch einen 280 SL Roadster Baujahr 1969 fuhr. Oder den Präsidenten des Oldtimer Club Imotski, dessen Familie allein

13 Karossen mit Stern besitzt. Die übrigen 160 Clubmitglieder kommen gemeinsam auf gut 500 Autos!

Doch warum ausgerechnet Imotski? Das interessierte auch den schwäbischen Autobauer, der eine Delegation nach Dalmatien schickte, um sich von der hohen Mercedes-Dichte vor Ort zu überzeugen. Ein deutscher Fernsehsender recherchierte ebenfalls, weshalb »der Benz« dort so überproportional häufig anzutreffen war.

Ein Autobesitzer mit einem 40 Jahre alten, knallgelben Mercedes klärte das deutsche Fernsehteam auf: Sehr viele Männer aus Imotski, auch er, seien früher Gastarbeiter in Deutschland gewesen. Der Mercedes galt damals als das Statussymbol schlechthin. Er war ein Zeichen dafür, dass man es in der Ferne zu etwas gebracht hatte, und stand für den persönlichen Erfolg. Wer ohne Mercedes zurückkehrte, hatte es nicht geschafft – so dachte man damals. Noch heute pflegen die Kinder der Gastarbeiter, von denen viele nach Imotski zurückgekehrt sind, den Mercedes-Kult. Oft besitzen sie sogar noch die unverwüstlichen Oldtimer ihrer Väter. Die Liebe zum Mercedes ist in Imotski eben unerschütterlich – und hält nun schon über ein halbes Jahrhundert an.

Harte Fakten

Wer sein Auto liebt, der schiebt: Den Weltrekord in dieser Disziplin hält der Kroate Tomislav Lubenjak. Er schaffte es 2019, ein Fahrzeug in 24 Stunden exakt 106,9 Kilometer weit vor sich herzuschieben. Warum das ausgerechnet im Mercedes-Kapitel steht? Nun ja, es war ein Smart ...

Einem Ereignis fiebern die Einwohner von Imotski schon seit Jahren ganz besonders entgegen: der Einweihung eines Mercedes-Denkmals in der Stadt. Die 36 Tonnen schwere »Hommage« ist aus Steinen der Region erbaut und bildet das legendäre 115er-Modell ab. Zudem ist ein neues Automuseum geplant. Und nun raten Sie mal, um welche Marke sich dort alles drehen wird?

KROATIEN GEHÖRT NUR MANCHMAL ZUM BALKAN

Wo liegt Kroatien eigentlich genau? In Südosteuropa? An der Adria? In Mittel- oder Zentraleuropa? Das ist alles sicherlich nicht verkehrt, doch was ist mit dem Balkan? Ja, aber nur manchmal. Wenn eine Straße proportional mehr Schlaglöcher als Asphalt hat oder ein ranghoher Politiker gerade mehrere Wohnungen – die er sich finanziell eigentlich nie leisten könnte – an die liebe Verwandtschaft überschrieben hat, dann sagen die Kroaten gerne: »Ach, das ist der Balkan!« Der Begriff ist negativ behaftet und umfasst alles, was primitiv oder unkultiviert erscheint – darunter Korruption, Vetternwirtschaft und eine marode Infrastruktur. Kroatien gehört geografisch nicht zum Balkan, außer – siehe oben.

Eine echte Grenze, wo nun der Balkan tatsächlich beginnt, gibt es nicht. Die Trennlinie ist imaginär und verläuft für jeden anders. Dabei hängt es natürlich immer
davon ab, wen Sie fragen: Schon der österreichische Politiker und Diplomat Fürst Metternich (1773–1859) ver-
legte den Beginn des Balkans auf den Rennweg in Wien,
da dort viele Intellektuelle mit südslawischer Mutterspra-
che lebten. Für die Slowenen beginnt der Balkan in Kroatien, für die Kroaten jenseits des Flusses Save, also in Bosnien und Herzegowina. Manchmal fängt der Balkan aber
auch erst in Belgrad an. Und so geht es munter weiter.
Nach einer umfangreichen Befragung werden Sie feststellen: Der Balkan beginnt immer südlicher, immer bei den
anderen! Das gilt vor allem für die Übergangsregionen,
zu denen Kroatien gehört. Auf dem »Kernbalkan« selbst,
etwa in Bulgarien oder Nordmazedonien, geht man weitaus lockerer mit dem Begriff um.

Theorien gibt es viele. Je nachdem, für welche man
sich entscheidet, verläuft die Nordgrenze an der Donau

oder entlang der Save. Im Südwesten bilden der slowe-nisch-kroatische Grenzfluss Kupa oder die Una die un-geschriebene »Balkangrenze«. Seit einigen Jahren wird der Dachbegriff »Westbalkan« genutzt, der zunächst das ehemalige Jugoslawien plus Albanien umfasst, heute zählen die EU-Länder Slowenien und Kroatien aller-dings nicht mehr dazu. Mit diesem geopolitischen Sam-melbegriff waren nicht alle Kroaten glücklich, da Ser-bien genau in der Mitte dieses imaginären Konstrukts läge – und das erinnert an alte Machtstrukturen. Man-che Kroaten würden Kroatien auch gerne in der Viseg-rád-Gruppe sehen, gemeinsam mit Polen, Tschechien, der Slowakei und Ungarn.

Aber

Das Zugehörigkeitsgefühl der Kroaten hängt mit der Geschichte des Landes zusammen: Aus der k.u.k.-Zeit stammen viele kulturelle Gepflogen-heiten, aber auch kulinarische Besonderheiten wie üppige *kremšnite* oder die Jugendstil-Kaffee-häuser in Zagreb. Sie zeugen bis heute von einer tief verwurzelten, mitteleuropäischen Identität in Binnenkroatien. Die Küstenregion unterstand mehrere Jahrhunderte lang der Republik Venedig, später zeitweise auch Italien – und gibt sich insge-samt eher mediterran: Viele Kirchtürme in Istrien wurden dem Campanile der Markuskirche von Ve-nedig nachempfunden, der italienische Wortschatz ist groß (auch wenn die italienische Minderheit die Halbinsel mehrheitlich unter Tito verlassen hat), ebenso wie die gemeinsame Küche (Eis, Pizza, Pas-ta, Polenta oder Jota-Eintopf). Bleibt noch Slawonien, dessen langgestreckte Straßendörfer und üppige Gulaschgerichte an das benachbarte Ungarn oder die zu Serbien gehörende Provinz Vojvodina erinnern, mit denen es zu Habsburger Zeiten verschmolzen war. Was die Krajina an der Grenze zu Bosnien betrifft: Hier wurden damals serbische Militärbauern angesiedelt, um die Osmanen (da haben wir ihn ja, den »Balkaneinfluss«) auf ihrem Weg nach Wien aufzuhalten. Das erklärt auch die serbische Minderheit in Kroatien, die in dieser Grenzregion (wörtlich: *krajina*) seit Jahrhunderten lebte – und im jüngsten Krieg (1991–1995) vertrieben wurde.

Das vielbeachtete Buch *Die Erfindung des Balkans* von Maria Todorova setzte sich um die Jahrtausendwende mit dem weit verbreiteten Vorurteil auseinander, dass der Balkan ein »unzivilisierter Ort der Konflikte« sei. Überhaupt wurde der Balkanbegriff in der Geschichte lange mit Negativbildern wie dem »Pulverfass Balkan« assoziiert. Fakt ist: Auf der Balkanhalbinsel mit ihren unterschiedlichen Ländern und Bevölkerungsgruppen gab es schon immer Konflikte, ethnische Spannungen und Kriege – und zwar auf engstem Raum. Das lässt sich anhand einer starken »kulturellen und sprachlichen Gliederung« erklären. Andererseits gibt es in der Region ein tolerantes Miteinander – auch das gehört dazu.

Kurzum: Im Kern umfasst der Balkan »jene europäischen Staaten, die von der Zugehörigkeit zu Byzanz, später zum Osmanischen Reich geprägt wurden«, so Wikipedia. Und dazu gehört Kroatien nicht – Ende des Kapitels.

DIE KROATEN TRINKEN *PIPI*

Wer seine Freundschaft zu einem Kroaten auf die Probe stellen möchte, muss eigentlich nur eines tun: dessen Grill mit etwas Fleischlosem »beleidigen«. Zucchinischiffchen, Auberginenscheiben und Maiskolben dürfen zwar mit auf den Rost, aber nur, solange sie dort lediglich als Beilage brutzeln. Verbannen Sie hingegen das Fleisch, verstehen die (meisten) Kroaten keinen Spaß mehr. Vegane Tofuwürstchen? Versuchen Sie es lieber gar nicht erst! Die Autorin hat es sich mit einem kroatischen Bekannten ernsthaft verscherzt: Seine Gastfreundschaft wollte er mit einem mächtigen Berg an Grillfleisch demonstrieren – und dann so etwas! Noch Monate später kam er über das mitgebrachte

Veggie-Grillgut nicht hinweg (»Stellt euch vor, so etwas auf meinem Grill ...!«). Kurzum: Fleisch ist das Gemüse der Kroaten!

Was ist jedoch mit den wenigen vegetarischen Restaurants und Snackbars, die dann doch hier und dort in Kroatien zu finden sind? Die werden hauptsächlich von ausländischen Urlaubern besucht. Nein, das stimmt natürlich nicht ganz, denn auch immer mehr Kroaten essen zunehmend fleischlos – aus ethischen, aber auch aus gesundheitlichen Gründen. Sogar in bodenständigen Restaurants finden sich frittierter Käse oder Grillgemüse als Standard-Veggie-Alternative. In Pizzerien ist die Auswahl dank Pasta, Gnocchi und Pizza für Vegetarier noch ein wenig größer. Wobei, liebe Leserschaft mit italienischen Wurzeln: Überspringen Sie die nächste Satzhälfte bitte lieber, denn Sie möchten vermutlich gar nicht wissen, wie manche Kroaten ihre Pizza im Restaurant noch zusätzlich aufpeppen: nämlich mit einer gehörigen Portion Ketchup oder einem Klacks Sauerrahm. *Mamma mia!*

Und wenn wir schon bei besonderen kulinarischen Vorlieben sind: Die Kroaten essen gerne zu allem Brot. Zu allem! Kaum serviert der Kellner im Asiarestaurant ein Gemüse-Fleisch-Chop-Suey mit Reis oder Nudeln als Beilage, streift der Blick vieler kroatischer Gäste schon suchend über den Tisch: »Wo ist eigentlich der Brotkorb?«

Noch etwas eint die Kroaten: Sie lieben Ćevapčići, ein Relikt aus Zeiten der jugoslawischen »Brüderlichkeit und Einigkeit«. Eigentlich sind die würzigen

Hackfleischröllchen, die mit scharfem oder mildem Ajvar, einer Paprikapaste und frischen Zwiebeln serviert werden, ein osmanisch-türkisches Erbe (die besten Ćevapčići gibt es ohnehin in Bosnien und Herzegowina, konkret in Sarajevo und Banja Luka, aber auch im südserbischen Leskovac). Von dort aus haben sich die *ćevapi*, wie man sie in Kroatien liebevoll nennt, in ganz Jugoslawien verbreitet. Als sich Kroatien in den 1990er-Jahren von den übrigen sozialistischen Brüderstaaten abgrenzen wollte, verschwanden die vermeintlich »nicht kroatischen« Ćevapčići von manch nationaler Speisekarte – glücklicherweise nicht dauerhaft.

Wenn wir schon bei Grillfleisch sind: In Istrien ist ein Tier auf die Speisekarte zurückgekehrt, das vor wenigen Jahrzehnten als fast ausgestorben galt: das istrische Ur-Rind Boškarin. Tierschützer engagierten sich für den Fortbestand der Rasse, heute kann man das Fleisch als Salami oder Steak genießen – allerdings nur in ausgewählten Restaurants mit entsprechender Lizenz, also alles regelkonform und kontrolliert.

Eine weitere Fleischspezialität ist heute passé: der Siebenschläfer, der – früher zumindest – gerne mal im Kochtopf landete. Alte Rezepte aus Großmutters Kochbüchern zeugen davon, dass der putzige *puh* gerne mal »im halben Dutzend« gehäutet und gebraten wurde.

Die Fleischlust der Kroaten ist so groß, dass ein Unternehmen sogar salziges Eis mit entsprechendem Geschmack auf den Markt gebracht hat: Lamm mit Zwiebelgeschmack oder *sarma*, gefüllte Krautwickel mit Kartoffelpüree, sowie der nordkroatische Weihnachtsklassiker Truthahn mit Plinsen *(puran s mlincima)* sind als Eissorte erhältlich. Ob sich das ungewöhnliche Dessert durchsetzen wird, bleibt abzuwarten.

Dann gibt es da noch eine Sache, die Sie über die kulinarischen Vorlieben der Kroaten wissen sollten: Sie trinken gerne orangefarbenes *Pipi*. Nicht aus dem Nachttopf, sondern aus einer ansprechenden Flasche mit buntem Etikett. Die beliebte Limonade mit dem ungewöhnlichen Namen stammt noch aus Jugo-Zeiten und war vor allem in den 1980er-Jahren ein echtes Kultgetränk. Nicht, dass es damals keinen Zucker gegeben hätte und man deshalb auf andere, körpereigene Zutaten zurückgreifen musste. Ach wo! Der Name ist eine Hommage an Pipi Duga Čarapa, Pippi Langstrumpf, die man in Kroatien nur mit einem p schreibt. *Pipi* eben.

Harte Fakten

Die Kroaten mögen Kochrekorde: Der längste Apfelstrudel der Welt mit einer Länge von 1.479,38 Metern wurde 2015 in Jaškovo gebacken, ein Kinocenter in Osijek feierte seinen Rekord mit einer rund 53 Quadratmeter großen, prall gefüllten Popcorn-Box, und in Valpovo wurde der schwerste Speck – *slanina* – mit einem Gesamtgewicht von 194 Kilogramm getrocknet.

Aber

Die Halbinsel Istrien hat sich in den vergangenen Jahren zu einem Feinschmeckermagneten mit wunderbaren Slow-Food-Restaurants entwickelt. Dort ist auch »Trüffelkönig« Giancarlo Zigante zu Hause: Seine Hündin Diana erschnüffelte 1999 die weltweit größte Trüffelknolle, die 1,3 Kilogramm wog. Zigante verkaufte die schrumpelige Edelknolle trotz einiger verlockender Angebote jedoch nicht, sondern feierte ein großes Fest mit seinen Freunden. Mittlerweile hat sich Zigante ein kleines Trüffelimperium aufgebaut, inklusive eines landesweit bekannten Feinschmeckerrestaurants im Dörfchen Livade, einer Fabrik sowie Feinkostläden für Trüffelprodukte oder eigenes Olivenöl. Überhaupt sind *tartufi* für jedes gute Gericht in Istrien unerlässlich. Die schwarze Knolle gibt es fast ganzjährig, die teurere, weiße hingegen nur im Herbst. Mehr als 2.000 *tartufari* besitzen eine Lizenz für die Trüffelsuche mit speziell ausgebildeten Hunden, viele nehmen auch Touristen zur Demonstration mit. Der neueste Trend: Trüffelbier, Trüffelchips und Trüffelgin – die Flasche für umgerechnet 100 Euro. Wer sich Trüffelpesto oder Trüffelöl besorgt, kann zu Hause Pasta und Pizza verfeinern – und so den Urlaub noch ein wenig verlängern.

IN KROATIEN LAUERT DER WEISSE HAI AUF OPFER

M al ehrlich: Wer mag schon dunkle, dicke Spinnen mit haarigen Beinen? Oder den Weißen Hai, der blutrünstig unschuldige Taucher im Meer zerfleischt? Den meisten Menschen genügt er vermutlich als Leinwandheld. Wie wäre es stattdessen mit Giftschlangen, die sich träge durch das Velebit-Gebirge winden und auf ein paar arglose Wanderer in Flip-Flops warten? Oder mit giftigen Seeigeln, Skorpionen und Tausendfüßlern? Braunbären, die Pilzsammler im Wald anfallen?

Keine Sorge: All diese Tiere können Ihnen in Kroatien zwar durchaus begegnen, müssen es jedoch nicht. Aufrichtige Freude darüber, einen Hai in der Adria zu erspähen, dürften vermutlich nur Forscher oder Journalisten empfinden. Letztere vor allem mitten in der Saure-Gurken-Saison: Da wird in der Zeitung aus einem harmlosen Tier schnell mal ein »Killerhai«, der durch potenzielle »Hai-Attacken« für massenhaft stornierte Urlaubsbuchungen sorgt. Das mediale Sommerloch ist dann zwar kurzfristig gestopft, die Touristen sind jedoch zutiefst verunsichert und die Reiseveranstalter um Schadensbegrenzung bemüht. In der allgemeinen Aufregung verpufft dann schon mal der Hinweis, dass es sich um ein harmloses Tier handelt, etwa einen Kurzflossen-Mako. Das desorientierte Einzeltier, das sich einmal zu nahe an einen Badestrand bei Makarska herangetraut hatte – was laut einem Hai-Experten in der Tageszeitung *Slobodna Dalmacija* nur sehr selten vorkomme –, wurde unfreiwillig zum YouTube-Star.

Praxistipp

Nur keine Panik! Haifische greifen nur an, wenn sie sich – etwa durch hektische Bewegungen – bedroht fühlen. Sollte Ihnen beim Tauchen oder Schwimmen in der Adria zufällig ein Hai begegnen, gilt »Ruhe bewahren« als oberstes Gebot. Entfernen Sie sich behutsam, um den Raubfisch nicht aufzubringen. Das schreibt sich so einfach, wenn man die scharfen Zähne nicht gerade in Schnappweite hat. Kleiner Trost: Von über 30 Arten, die in der Adria vorkommen, gelten nur neun als gefährlich, darunter der Blauhai (Prionace glauca) und der Weiße Hai (Carcharodon carcharias).

Die letzte Hai-Attacke in Kroatien ist schon über ein Jahrzehnt her, da in der Adria Haie immer seltener werden. Elf Gattungen trifft man im Mittelmeer schon nicht mehr an, berichtete die Fachzeitschrift *Scientific Reports*. Das hängt mit ihrem Futter zusammen, etwa dem – ebenfalls selten gewordenen – Thunfisch oder dem Schwertfisch. Weit draußen im Meer, rund um die äußeren Kornaten, die unbewohnte Felseninsel Jabuka oder vor der weit vom Festland entfernt gelegenen Insel Vis gibt es diese Fischarten noch – und das mögen die Haie.

Im Wasser finden sich noch weitere Tiere, vor denen man sich besser in Acht nehmen sollte: Meereswürmer können ihre Borsten, die mit der Pinzette entfernt werden müssen, in die menschliche Haut bohren. Der Stich eines Skorpions soll dem einer Wespe sehr ähnlich sein: Die Hautstelle wird rot und brennt, dabei können Allergien ausgelöst werden. Von den 900 Seeigelarten sind zwar nur die wenigsten giftig, die Stachel jedoch unangenehm schmerzhaft. In tieferen Gewässern können Ihnen giftige Fische wie der Rote Drachenkopf oder

der Rochen begegnen. Wer mit einer Feuerqualle in Berührung kommt, muss mit brennenden Schmerzen rechnen.

Doch auch an Land gibt es allerlei gefährliche Tiere: Die Schwarze Witwe, eine Kugelspinne, ist in Kroatien keine Seltenheit. Ihr Gift kann insbesondere für Kinder, ältere Menschen und Allergiker gefährlich werden. Zwei Arten von Giftschlangen, darunter die sehr menschenscheue Hornotter, die selten beißt, kann man in Dalmatien antreffen. Ebenso finden sich mehrere Arten von Tausendfüßlern, die, wenn sie sich bedroht fühlen, ein Abwehrsekret produzieren.

Praxistipp

Beim Wandern in unwegsamem Gelände sollte man unbedingt feste Schuhe und eine lange Hose tragen. Wer Schlangen fürchtet, sollte kräftig trampeln, für Bodenbewegungen sorgen und am besten mit einem Stock unterwegs sein. Gegen die unangenehmen Stacheln von Seeigeln helfen Badeschuhe. In der kroatischen Adria werden Sie vermutlich eher von einem Motorboot erfasst, als dass Sie Opfer eines Hai-Angriffs werden. Viele Hobbykapitäne schätzen die Abstände falsch ein und kommen den Badegästen in der Adria zu nahe. So kommt es immer wieder zu Unfällen, gelegentlich sogar mit Todesfolge.

DIE KROATEN BITTEN HALBNACKTE TOURISTEN ZUR KASSE

Kroatien wünschte sich Touristen: Ein paar nette, harmlose Urlauber, die im Restaurant klaglos ihr Grillfleisch essen und die Hotelbetten bis in den Herbst hinein belegen. Und wer kam? Halbnackte Engländer und Holländer mit krebsrotem Nacken, die manchmal gar nicht so recht wissen, wo sie überhaupt sind. Die mitteldalmatinische Insel Hvar hat ein Problem mit den Geistern, die sie rief – und nun nicht mehr loswird. Partytouristen! Corona-Pandemie hin oder her.

Fragen Sie doch mal einen jungen Briten, was er mit Hvar verbindet: *»Oh, the party island!«* Doch eine Feierinsel, auf der die örtlichen Fischer frühmorgens im Hauseingang über Partygänger stolpern und sich der

Geruch der Notdurft im antiken Kalksteinpflaster festgesetzt hat – so hatte man sich den Massentourismus in der Inselhauptstadt sicher nicht vorgestellt.

Gab es noch vor einem Jahrzehnt kein einziges Hostel auf der Insel, so sind es heute gleich mehrere Dutzend. Kleine Kunstgalerien und die gemütlichen Cafés der Einheimischen in der Altstadt wurden zu Kneipen umgebaut, aus denen am Abend Elektromusik dröhnt und in denen große Mengen Cocktails gemixt und getrunken werden. Der Alkohol bringt zwar mehr Umsatz, aber auch mehr Ärger.

Vor der Pandemie platzte Hvar im Sommer aus allen Nähten: Dann wurde jedes Bett zu möglichen und unmöglichen Preisen vermietet. Nach dem Musikfestival Ultra Europe in Split kommen viele Feierlustige zur Afterparty Ultra Beach nach Hvar. An anderen Tagen legen Partyboote am Hafen an, deren Passagiere zum Bummeln (sprich: zur Alkoholbeschaffung) in die engen Gassen von Hvar strömen. Und dann gibt es noch diejenigen, die mit Bierdosen bepackt in eines der vielen Motorboote im Hafen klettern, um sich zugedröhnt über das Meer schippern zu lassen. Die Mischung aus Alkohol, südlicher Sonne, Sommerhitze und wallenden Urlaubshormonen kann da schnell mal zu Übermut führen: Die Blase drückt? Kurzerhand wird das beste Stück ausgepackt und »Mann« entleert sich vom Boot aus in die Adria. Erst nach Mitternacht verlagert die Partycrew ihr Treiben auf die vorgelagerten Paklinski-Inseln (*Pakleni otoci* oder *Paklinski otoci*), wo DJs auflegen. Was auf Hvar ohnehin schon jeder weiß, brachte ein britisches Tabloid-Blatt in

Vor-Corona-Zeiten auf den Punkt: »Auf der Partyinsel Hvar geht es zu wie in Sodom und Gomorrha!«

Hvar gehörte schon immer zu den Top-Reisezielen in Dalmatien, hierher kam bereits der Habsburger Adel vor dem Ersten Weltkrieg zum Überwintern. Bis heute reihen sich an der Hafenpromenade von Hvar Stadt blitzblank polierte Luxusboote aneinander, und die Promifotografen liegen im Hochsommer genau hier auf der Lauer, um einen Schnappschuss von Paris Hilton, George Clooney oder russischen Milliardären zu ergattern. Den Besitzern der Yachten und noblen Villen sind die Partygänger natürlich ein Dorn im Auge. Waren sie vor 20 Jahren im Carpe Diem, der »Mutter aller Clubs« auf Hvar noch unter sich, ist die Loungebar an der Promenade längst kein exklusiver Ort mehr – ebenso wenig wie die Stadt an sich.

Der Partytourismus sei etwas, worum man nie gebeten habe, beklagt der Bürgermeister der Stadt Hvar immer wieder. Den Feierwütigen sei es vollkommen egal, wo genau sie sich betrinken würden. Sie bräuchten die schöne alte Stadt dazu gar nicht. Es sei ihnen sogar so egal, sagte das Stadtoberhaupt gegenüber einem Fernsehsender, dass einmal ein junger Mann vor ihm gestanden habe, der nach Hvar wollte: »I wanna go to Hvar!« Da war er aber schon längst angekommen, nur war ihm das wohl nicht so ganz klar.

Die Partei »Liste für den Stolz der Stadt«, im dalmatinischen Dialekt »Lista za ponos mista«, bekam bei den Lokalwahlen eine stattliche Anzahl an Stimmen.

Zuvor hatten die entnervten Einwohner Unterschriften gegen das »Partydilemma« auf der Insel gesammelt: Sie forderten mehr Polizisten vor Ort, Alkoholverbot auf öffentlichen Plätzen, aber auch, dass Urlauber auf die potenzielle Gefahr von Waldbränden durch Zigaretten hingewiesen werden sollten.

Gut zu wissen

Das Problem mit den halbnackten Partygästen ist zwar ärgerlich, die Sache mit den Waldbränden in Dalmatien hingegen gefährlich: Jeden Sommer sorgen achtlos hingeworfene Kippen für verheerende Brände. Wohnhäuser und Hotels müssen evakuiert werden, Löschflugzeuge schöpfen Wasser aus der Adria und manch ein Winzer, Olivenbauer oder Eigentümer der für Hvar so berühmten Lavendelfelder hat durch einen solchen Brand seine Existenz verloren. Bei Löscharbeiten auf dem Kornaten-Inselarchipel starben in einem Sommer sogar sieben Feuerwehrmänner – ein Albtraum!

Die Alkoholexzesse auf Hvar sind ebenfalls nicht ganz ohne: Nach einem feuchtfröhlichen Abend kletterten zwei australische Urlauber auf das Dach der Kathedrale Sveti Stjepan auf dem Hauptplatz von Hvar. Gegen Mitternacht läuteten sie die Glocken und beschädigten dabei einige Dachrohre, blieben selbst jedoch unversehrt. Weniger Glück hatte eine junge Britin, die nach reichlich Alkoholkonsum auf Hvar ins Koma fiel – und starb.

Irgendwann brachte die Stadtverwaltung von Hvar Hinweistafeln mit eindeutigen Piktogrammen an: Wer in Badekleidung durch die Altstadt spaziert, muss bis zu 600 Euro Strafe zahlen. Öffentliches Trinken von Alkohol kostet bis zu 700 Euro. Wer seinen Rausch irgendwo im Freien ausschläft, wird ebenfalls zur Kasse gebeten. Schon auf der Fährüberfahrt werden Videospots gezeigt, und auf der Uferpromenade werden den Touristen Broschüren in die Hand gedrückt. Kroatischen Medien zufolge half das, und es ging ein wenig gesitteter in Hvar-Stadt zu. Die Corona-Pandemie tat noch einmal ihr Übriges und brachte der Stadt eine kleine Verschnaufpause. Ob tatsächlich schon jemand zur Kasse gebeten wurde, ist der Autorin unbekannt. Meist habe bereits der Hinweis einen positiven Effekt und die meisten Touristen würden sich einsichtig zeigen, so die kroatischen Medien.

Mit dem »Partypeople-Problem« ist Hvar allerdings nicht allein: Novalja auf der norddalmatinischen Insel Pag wird auch als das »Ibiza Kroatiens« bezeichnet. Shuttlebusse bringen die Tanzwütigen in die zahlreichen Diskotheken, in denen schon am Nachmittag die ersten Schaumpartys steigen. Natürlich gibt es auch hier entnervte Anwohner und Touristen, die sich so verhalten, dass man sie am liebsten des Landes verweisen würde. Der Unterschied: Die Partylocations in Novalja befinden sich am Strand Zrće, zwei Kilometer außerhalb der Stadt, frei nach dem Motto »Aus den Augen, aus dem Sinn«.

DIE KROATEN UND DIE MÜNCHNER VERBINDET DER WIND

Sie sind aufbrausend, zuweilen ein wenig hysterisch, rütteln wild an Segelmasten, lassen gut vertäute Boote im Hafen aneinander krachen und bedenklich knirschen: Jugo und Bora, die beiden Winde, die man in Dalmatien kennen sollte, um mitreden zu können. Der Jugo (Scirocco) ist der feuchte, warme Südwind, der von dicken Regenwolken und Stürmen begleitet wird. Die sonnenverwöhnten Dalmatiner mögen den Jugo nicht, er macht müde und kann Kopfschmerzen verursachen – überhaupt wird ihm gerne die Schuld für negative Ereignisse in die Schuhe geschoben.

Der Fallwind Bora (Bura) weht hingegen aus dem Norden, vom Velebit-Gebirge auf das offene Meer hinaus. Er ist kühl, trocken und zuweilen unberechenbar. Am stärksten trifft die Bora die Stadt Senj, die sich unter dem Velebit-Gebirge duckt, und fegt anschließend über den Meereskanal vor der Stadt über die Insel Pag hinweg. Selbst wenn die Sonne scheint, lässt die Bora viele Dalmatiner frieren. Auch sie hat selbstverständlich Einfluss auf das Wohlbefinden – und ist ein beliebtes Smalltalk-Thema in Dalmatien.

Warum Sie sich für die Bora interessieren sollten? Wenn sie »richtig« pustet (sie bläst im Kroatischen nicht!), geht gar nichts mehr. Lkw und Autos mit Wohnwagen dürfen keine Brücken mehr befahren; oft ist die Maslenica-Brücke bei Zadar betroffen, aber auch die Brücke vom Festland auf die Insel Krk bleibt manchmal gesperrt. Wer mit dem Auto oder Bus zur Arbeit fährt, muss geduldig sein. Wenn es ganz schlimm kommt, bleibt auch die Fähre im Hafen.

Aber

Die Bora macht aus einem gewöhnlichen Schinken einen luftgetrockneten *pršut* (Merke: »Ohne Bora kein guter *pršut!*«). Zudem verleiht die salzige Luft den Wildkräutern auf der Insel Pag eine besondere Würze, die sich auf die Schafe überträgt, die hier oft weiden. Und aus würziger Milch wird köstlicher Käse hergestellt, etwa der *Paški sir* (Pager Käse), der berühmteste Käse Kroatiens.

Doch nicht alle nehmen die Bora ernst: Immer wieder erwischt es Touristen, die »die paar Wolken« mit einer lässigen Handbewegung abtun. Frei nach dem Motto:

Ein wenig Wind strafft die Segel und außerdem ist der Strand nun schön leer. Das Resultat ist leider nicht immer ein »Happy End«: Helfer, die aufs Meer hinausfahren, auf der Suche nach Urlaubern vom Festland, die trotz Bora »mal kurz« eine Runde Schwimmen oder Windsurfen gegangen sind – und die Wucht des Windes komplett unterschätzt haben.

Wer gerade draußen im Meer unterwegs ist, sollte sich spurten, sobald die Bora im Anzug ist: Ab ans Ufer! Schafft man es nicht mehr, hilft nur noch das Zwiegespräch mit dem Allmächtigen. Das ist ernst gemeint, denn die Bora kann es locker mit einem Leoparden aufnehmen: Bis zu 250 km/h erreicht der Fallwind im Velebit-Kanal, er peitscht und tobt dort ungehemmt. Einmal wurde er sogar so heftig, dass er viele Fischerboote aus dem Meer hinaus aufs Festland der Insel Pag warf. Pag erinnert auf der Seite, die der Bora ausgesetzt ist, an eine karge Mondlandschaft, und manch ein Urlauber fragt sich beim Blick vom Festland auf die Insel, wieso ausgerechnet diese steinerne Wüste ein beliebtes Ferienziel sein soll. Erst im geschützten Landesinneren, das sich grün und freundlich zeigt, offenbart sich die wahre Schönheit dieser kleinen Oase. Die Bora hat auch auf anderen Inseln ihre Spuren hinterlassen: Auf Krk wachsen beispielsweise krumme Eichen, die in der Republik Venedig bevorzugt für den Bau von Galeeren mit gebogenem Rumpf verwendet wurden.

Die Münchner werden sich nun vielleicht mit der flachen Hand auf die Stirn schlagen: »*Ja mei*, das ist ja wie der Föhn!« Der (warme) Föhnwind wird in Bayern nämlich gerne für alles Mögliche verantwortlich gemacht. Er ist mitunter sogar schuld, wenn die CSU mal drei Prozent weniger Wählerstimmen bekommt. Föhn und Bora verbindet vor allem eines miteinander: Beide sind ein beliebtes Smalltalk-Thema. Ist die Bora mal wieder fröhlich am Werk, wird gegenüber dem Postboten oder der Nachbarin oft nur kurzsilbig festgestellt, was ohnehin schon jeder weiß: »*Ah, bura puše*« – die Bora pustet. Bei diesem Satz nickt jeder nur verständnisvoll. Da gibt es nur eins: Schotten dicht und warten, bis sich der Wind gelegt hat oder vom Jugo abgelöst wird. Am besten bei ein, zwei Gläschen *bevanda* (Wein mit Wasser), das verkürzt die Wartezeit.

Gut zu wissen

Kann man bei »richtiger« Bora eigentlich noch im Freien sitzen und ein Glas Wein trinken? Nun ja, bei um die 180 km/h Windgeschwindigkeit wird das mehr als schwierig. Der Beweis dafür sind zwei eingemummelte Männer an einem Klapptisch, die mit beiden Händen ihre langstieligen Weingläser umklammern. Ein dritter Mann kommt ins Bild, öffnet die Flasche und will gerade einschenken, doch der Wein schäumt wild auf und spritzt senkrecht empor. Kaum stehen die beiden Männer auf, trägt der orkanartige Fallwind Tisch und Stühle meterweit davon. Das Video des Storm Chasing Team Senj machte auf YouTube die Runde.

PLASTIK BRINGT DIE KROATEN ANS GRAB

Ein wiederverwendbarer Stoffbeutel? Unverpackt-läden? Plastikfrei leben? Der Blick in kroatische Supermarktregale lässt, sagen wir es mal so, noch reich-lich Luft nach oben: Da reihen sich gelbe, weiße und schwarze Softdrinks aneinander, neben Bierdosen und vereinzelten Glasflaschen. Im Sommer, wenn Millio-nen von Touristen hinzukommen, steigt die Anzahl der Plastikflaschen schlagartig an – und nicht alle werden recycelt oder gar wieder befüllt. Dank EU tut sich et-was: Trinkhalme oder Wattestäbchen aus Plastik sind nun auch in kroatischen Supermärkten verschwunden.

Das Plastikproblem zeigt sich vielerorts: Segler be-klagen, dass sie von Jahr zu Jahr mehr Müll vorfinden, der auf dem Wasser treibt. Nach den wütenden Stürmen im Herbst und Winter spült das Meer den Plastikmüll ans Ufer. Besonders betroffen sind die Inseln weit draußen in der Adria, etwa Mljet, aber auch die Halbinsel Pelješac, die wie ein Arm ins Meer hineinragt. Freiwillige, darunter viele Segler, machen sich regelmäßig auf, um die Strände und Buchten von Müll zu befreien, ehe die Touristen im Sommer kommen.

Praxistipp

Eine Plastikflasche braucht ungefähr 450 Jahre, bis sie sich komplett zersetzt hat. Das ist lediglich ein Schätzwert, denn die erste Plastikflasche ist gerade einmal 80 Jahre alt. In Kroatien sind sie in den Geschäften omnipräsent und dominieren den Alltag. Das sehr schmackhafte Leitungswasser, das überall getrunken werden kann, ist hier die nachhaltigere Alternative.

Die Flaschen und Verpackungen in der Adria stammen aus Montenegro, Albanien, Griechenland und der Türkei. Aber auch aus Ländern, die überhaupt keinen Meerzugang haben, wie etwa aus dem Kosovo: Von dort aus gelangen sie über die Flüsse ins Meer. Diese Erklärung liest man in kroatischen Medien immer wieder. Dass man im eigenen Land vielleicht auch ein Plastikproblem hat? Nun ja, mag sein. Und dass 20 Millionen Touristen pro Jahr das Plastikproblem nicht unbedingt mindern, ist auch kein Geheimnis.

Doch nicht nur an der Adria haben die Kroaten ein massives Plastikproblem: Sie sind gemeinsam mit den Polen Europameister im Verbrauch von Grablichtern. Rund um den 1. November, an Allerheiligen, werden kroatische Friedhöfe von hellen Flammen erleuchtet. Tagelang sind die Zufahrtsstraßen zum größten Friedhof des Landes, Mirogoj in Zagreb, hoffnungslos verstopft; Taxibetreiber machen das Geschäft des Jahres, und die Verkehrspolizei versucht, Ordnung in das Chaos zu bringen. Kurzum: Es ist wirklich viel los, auch auf kleineren Friedhöfen im Land. Doch nicht die Verkehrsbelastung ist das Hauptproblem, sondern die unzähligen Grablichter, die die Kroaten für ihre Verstorbenen zu Allerheiligen anzünden. Lange hat das niemand öffentlich hinterfragt, nun melden sich Umweltschützer und grüne Politiker zu Wort: »Müssen wir unsere Toten wirklich mit so viel Plastik zumüllen?«, fragte ein Abgeordneter kritisch und lud Journalisten auf den Mirogoj-Friedhof ein. Umweltschützer schlagen LED-Kerzen mit Solarzellen oder die guten alten Bienenwachskerzen als Alternative vor, die man nur während des Grabbesuchs anzündet. Es gibt vereinzelt jedoch schon Ideen, wie man das Problem umgeht: Eine Bürgerinitiative aus der Stadt Metković sammelt abgebrannte Grabkerzen, entfernt das Paraffin von Hand und fertigt daraus in einer Behindertenwerkstatt neue Kerzen.

Harte Fakten

Die Kroaten verbrauchen pro Jahr etwa 35 Millionen Grabkerzen und Lampions. Dadurch entstehen knapp 20.000 Tonnen Plastikmüll auf den Friedhöfen, die Hälfte davon rund um Allerheiligen. Grabkerzen bestehen größtenteils aus Paraffin und Polymeren, hinzu kommen ein Metalldeckel und gelegentlich Batterien.

Nur knapp 30 Prozent des Abfalls in Kroatien wird recycelt, die übrigen 70 Prozent werden als Restmüll verbrannt. Die EU fordert jedoch bis zum Jahr 2035 einen Recyclinganteil von mindestens 60 Prozent. Um den Ansprüchen aus Brüssel zumindest ansatzweise gerecht zu werden, wurden erst vor wenigen Jahren Plastikmülltonnen angeschafft. So viele, dass Zagreb in den Medien »Kantograd«, die Stadt der Eimer, genannt wurde. Die Reporterin eines kroatischen TV-Senders wollte es genau wissen: In einem gerade mal hundert Meter langen Straßenabschnitt zählte sie 64 Mülltonnen. Das macht mindestens drei pro Hofeinfahrt! Das Thema beschäftigt ganz besonders die Kroaten, die es gewohnt sind, Apfelreste, Joghurtbecher und Putzlappen in ein und dieselbe Mülltonne zu werfen. Fast ein Fünftel aller

Städte und Gemeinden in Kroatien stellt sich diese Frage jedoch gar nicht – denn sie haben immer noch kein System zur Abfalltrennung. Auf der Insel Vir wurden vor einigen Jahren bereits Plastiksäcke zur Mülltrennung eingeführt – die jedoch die stürmische Bora nicht überstanden. Und so flog der Müll den Inselbewohnern buchstäblich um die Ohren.

DIE KROATEN TRINKEN KURZEN KAFFEE GERNE LANG

Winzig kleine Tassen, die mit duftender *kava* gefüllt sind, haben in Kroatien einen ganz besonderen Stellenwert: Stundenlang wird daran genippt, es scheint, als hätten die Gefäße keinen Boden. Ist das Magie? Nein. Das Ritual des Kaffeetrinkens ist eher eine Art »nationales Kulturgut«. Zu Hause gibt es meist türkischen Mokka mit Bodensatz, im Café wird Espresso bevorzugt. Es geht jedoch nicht um das reine Konsumieren des anregenden braunen Getränks, sondern um das Ritual, das sich gerne mal zwei, drei Stunden hinziehen kann. Im Straßencafé, unter Freunden oder mit der Zeitung in der Hand – das genussvolle Schlürfen des Kaffees wird zelebriert wie sonst nirgendwo.

Fremde, die nach Kroatien kommen, bemerken oftmals vor allem eines: Die Straßencafés sind immer voll, selbst am helllichten Tag. Da bleibt die Frage nicht aus, ob heute ein Feiertag sei, da so viele Menschen am Vormittag Zeit haben, ins Café statt zur Arbeit zu gehen.

Manche haben tatsächlich ihre eigene Methode entwickelt, um trotz eines Abstechers ins Café zu »arbeiten«: Da wird die Telefonzentrale (»Falls der Chef doch noch anruft ...«) kurzerhand auf das tragbare Telefon umgeleitet, damit die Kollegin von der Rezeption auch mit ins Café kommen kann.

Übrigens

Mit dem Kaffeebecher durch die Stadt eilen? Seit Corona-Zeiten durchaus, davor eher weniger. Die Kroaten nehmen sich gerne die Zeit für einen »coffee to stay«, um sich mit anderen Menschen zu treffen, im realen Leben, von Angesicht zu Angesicht – trotz Smartphone und Co. Kurzum: Der Kaffeetrink-Lifestyle macht die Kroaten so wunderbar sympathisch!

Die Zeit im Café, meist unter freiem Himmel, wird zum Klatsch und Tratsch genutzt, aber auch, um über neue Geschäftsprojekte, die Politik oder das Wetter zu sprechen. Nach einem Kaffee weiß man meist mehr, als in der Tageszeitung steht.

Im Straßencafé ist die Aufmerksamkeit der Gäste zudem auf die Vorbeispazierenden gerichtet – und umgekehrt natürlich auch auf das eigene Erscheinungsbild, das einen elitären Lebensstil widerspiegeln soll, heißt es in einer sozialwissenschaftlichen Arbeit zur Kaffeetrinkkultur in Zagreb. Die Hauptstädter treffen sich besonders gerne am Samstagvormittag auf der *Špica* (ausgesprochen: Schpitza), einer Art Bermudadreieck der Straßencafés: In der Bogovićeva ulica findet man eher die »Celebritys«, die Kulturszene bevorzugt die Preradovićeva ulica und so weiter. Dann beobachten alle, wer gerade vorbeigeht: Mit wem ist das Popsternchen denn da unterwegs? Sieht der Schlagerstar denn nicht ein wenig unglücklich aus neben seiner Frau? Man muss sie gar nicht alle kennen, um zu wissen, dass sie – mehr oder weniger – berühmt sind, denn üblicherweise lungern auch Paparazzi samstags auf der *Špica* herum und hängen sich an die Fersen aller möglicher Leute. In einer beliebten kroatischen Frauenzeitschrift gibt es sogar eine eigene Rubrik: »Samstags auf der *Špica*«. Abgelichtet wird, wer dort gerade (und vor allem mit wem!) gesehen wurde. (Künftiger) Nachwuchs ist ein besonders beliebtes Thema.

Nach der *Špica* ist vor der Tkalčićeva ulica: In der lebhaftesten Cafémeile Zagrebs geht es bis spät am Abend weiter mit Espresso, Macchiato und Cappuccino und dem so beliebten »People-Watching«. Vor geduckten, alten Bürgerhäusern lässt es sich prima ausharren und stundenlang das eine oder andere koffeinhaltige Heißgetränk schlürfen, tagsüber und am Abend. Es ist der Zagreber Catwalk. Für Split gilt dasselbe am Narodni trg (Volksplatz) oder natürlich entlang der Ufermeile

Riva, wo man unter weißen Sonnensegeln mit Meerblick sitzt und die örtlichen Schönheiten beim Flanieren beobachten kann. Und in Dubrovnik? Da ist der Stradun in den vergangenen Jahren leider zum hochpreisigen Touristenziel mutiert und der Kaffee für die Einheimischen somit oft unerschwinglich geworden.

Aber, so wie es immer Zeit für einen Kaffee gibt, gilt das auch für das Geld: Für einen Kaffee reicht es irgendwie immer, auch wenn das Alltagsbudget sonst knapp ist. Eine Preiserhöhung beim Kaffee würde vermutlich eine nationale Revolution auslösen, denn dieses Lebensgefühl lassen sich die Kroaten nicht nehmen. Und das ist auch gut so.

Gut zu wissen

Wer in Kroatien eine *kava* bestellt, bekommt einen schwarzen Espresso serviert. Meist gibt es dazu ein Glas Leitungswasser. Mit einem Milchkrönchen obendrauf wird aus der *kava* ein »Macchiato«, also eigentlich ein »Espresso Macchiato«. Verwechslungen sind hier nicht selten, vor allem, wenn ausländische Urlauber einen »Latte Macchiato« bestellen und statt eines stilvollen, hohen Glases mit viel Milch einfach einen kurzen, kleinen »Macchiato« bekommen.

Ohnehin ist die Latte-Macchiato-Kultur in Kroatien nicht überall ausgeprägt. Genauso gut fährt man daher mit Milchkaffee, auf Kroatisch *bijela kava*, wörtlich ein »weißer Kaffee«. Zu Hause trinken die meisten Kroaten *kuhana kava*, also einen »gekochten Kaffee« mit Bodensatz. Dieser wird oft auch *turska kava* (türkischer Kaffee) oder *domaća kava* (wörtlich

»selbst gekochter« oder »hausgemachter« Kaffee) genannt. »Filter-*kava*« überlässt der Kroate gerne ausländischen Touristen an den Frühstücksbüffets der Hotels.

SERBEN UND KROATEN – »BEZIEHUNGSSTATUS: ES IST KOMPLIZIERT«

Eine Autofahrt durch das dalmatinische Hinterland, etwa in der Umgebung von Drniš oder Knin, ist wie eine Zeitreise: Aus hohlen Hausgerippen ohne Dach wuchern Bäume, zerschossene Fassaden erinnern an den jüngsten Krieg der 1990er-Jahre. Hin und wieder trifft man ein paar alte Frauen in Schwarz gekleidet vor ihren Häusern, mal überquert ein Huhn die Straße. Bajalci, in der Nähe von Šibenik, war früher ein serbisches Dorf: Vor dem Krieg lebten dort etwa 500 Serben, die 1995 im Rahmen der Operation »Sturm« *(Oluja)* vertrieben wurden. Zurückgekehrt ist kaum jemand, bei der letzten Volkszählung 2011 waren noch drei Einwohner gemeldet. Bis heute gibt es dort weder Strom

noch fließend Wasser. Einen der Bewohner unterstütz-
ten internationale Organisationen mit Solarpanelen auf
dem Dach; seinen Herd zum Kochen befeuert er mit
Holz, wie der Mann einem serbischen TV-Team zeigte.

In anderen serbischen Dörfern in Kroatien sieht es
ähnlich aus: Mehrheitlich hausen hier ältere Menschen,
die nach dem Krieg zurückgekehrt sind, um ihren Le-
bensabend im eigenen Haus zu verbringen. Die Jungen
haben anderswo, sei es in Serbien oder in der übrigen
Welt, noch einmal neu angefangen. Immer wieder be-
harrte die Europäische Union – vor allem vor Kroatiens
Beitritt 2013 – auf einer »Reintegration« der vertriebe-
nen Serben. Bis heute kämpfen einige von ihnen um
ihre Häuser oder um das, was davon noch übrig ist.

Den Serben in Kroatien geht es nicht schlecht, zumindest auf dem Papier: Allen Einwohnern des Landes
werden die gleichen Rechte eingeräumt. Im Parlament
gibt es serbische Minderheitenvertreter, die kyrillische
Schrift ist in der Verfassung verankert und in Vukovar
besuchen serbische und kroatische Schüler das gleiche
Gymnasium, allerdings zu unterschiedlichen Zeiten.

In der Realität sieht es allerdings nicht immer so ro-
sig aus: Im EU-Beitrittsjahr kamen eine halbe Million
Unterschriften für ein Referendum zusammen, das die
Verwendung der kyrillischen Schrift in Kroatien unter-
binden sollte. Das Verfassungsgericht lehnte das Referendum jedoch ab, da den Serben die kyrillische Schrift
konstitutionell zugesichert wird. In Vukovar leben Serben und Kroaten eher nebeneinander als miteinander,
mit jeweils eigenen Cafés und Geschäften. Dort wurden

schon mehrfach Schilder mit kyrillischer und lateinischer Schrift zerstört.

Nationalität ist in Kroatien allgemein ein großes Thema: Viele beklagen sich, vor allem gegenüber serbischen
Medien, dass Arbeitsplätze vornehmlich an Kroaten
vergeben werden. Ein kroatischer Gastwirt aus dem
Hinterland von Zadar räumte gegenüber einem serbischen TV-Sender offen ein, dass er Angst vor behördli-
chen Schikanen und dem Finanzamt habe, falls er einen
Serben einstelle.

Harte Fakten

Vor dem jüngsten Krieg lag der serbische Bevölke-
rungsanteil in der sozialistischen Teilrepublik Kroatien bei etwa 12 Prozent, heute sind es noch 4,36 Prozent. Seit dem EU-Beitritt ist die Zahl infolge der
Abwanderung Expertenschätzungen zufolge jedoch
vermutlich noch weiter gesunken.

Wer mit serbischen Nummernschildern in Kroatien
unterwegs ist, hat oft Angst, dass sein Auto demoliert
werden könnte. In den Jahren nach Kriegsende gab es in
Serbien ganz besonders gerissene Geschäftsleute, die für
das »Parken in Kroatien« gefälschte Autokennzeichen
verkauften. Mit denen durfte man zwar nicht fahren,
aber zumindest hatte man beim Parken ein wenig mehr
Sicherheit. Das ist Schnee von gestern, meinen Sie?
Nicht ganz. Im Sommer 2019 wurden in Dalmatien,
zwischen Šibenik und Zadar, laut der serbischen Nach-

richtenagentur Tanjug etwa 100 Autos mit serbischen Kennzeichen beschädigt.

Ohnehin kann sich das Jahr 2019 kaum mit einem friedlichen serbisch-kroatischen Miteinander rühmen: In einem Dorf bei Knin stürmte eine Gruppe maskierter Männer ein Café, in dem gerade ein Fußballspiel des Belgrader Vereins Roter Stern *(Crvena zvezda)* lief. Sie schlugen auf die Zuschauer ein, im Beisein von Kindern. Zwanzig Minuten später wiederholte sich der Vorfall in einem anderen »serbischen« Café bei Knin, hier gab es jedoch keine Verletzten. Zuvor waren in Split Mitglieder der Belgrader Wasserballmannschaft angegriffen worden, und auf der Insel Brač wurden fünf serbische Saisonarbeiter, darunter eine Frau, brutal niedergeschlagen. Nachts, von alkoholisierten Jugendlichen, die nach dem Krieg geboren wurden. Die Bevölkerung des idyllischen Urlaubsortes Supetar zeigte sich einvernehmlich erschüttert. Ihre Erklärung: Der Hass auf die Serben werde zu Hause weitergegeben. In jenem Sommer wurde der stellvertretende Vorsitzende des serbischen Minderheitenrates in der Nähe von Rijeka, einer sonst eher liberalen Stadt, von kroatischen Kriegsveteranen angegriffen – und starb an den Folgen. All das passierte 2019, mitten in Kroatien.

Aber

Wenige Wochen nach dem Angriff auf die beiden Cafés bei Knin standen sich Dinamo Zagreb und Roter Stern Belgrad erneut gegenüber. Die serbische Minderheitenpartei im kroatischen Parlament, SNV, sagte im Vorfeld in den sozialen Medien ganz deutlich: »Heute schauen wir zusammen Fußball, damit wir uns besser verstehen.« Das Wort »Fußball« war dabei als Zeichen des Miteinanders sowohl in kyrillischer als auch in lateinischer Schrift verfasst.

Gut zu wissen

Die Kroaten feiern jedes Jahr am 5. August den »Tag des Sieges und der heimatlichen Dankbarkeit«. An diesem Tag wurde im Jahr 1995 die selbsternannte Republik Serbische Krajina zurückerobert. Diese hatte ab 1991 ein Drittel des kroatischen Territoriums eingenommen. Im Rahmen der Operation »Sturm« (oluja) wurden bis zu 250.000 Serben aus ihren Häusern vertrieben – ein Exodus. Später wurde die kroatische Flagge auf der Festung von Knin gehisst, damit galt der Krieg in Kroatien als beendet. Die Gebiete um Vukovar wurden erst 1998 mit der »friedlichen Reintegration« zu einem Teil Kroatiens. Der Fall Vukovars am 18. November 1991 wurde nun, 30 Jahre später, zu einem arbeitsfreien Gedenktag erklärt.

IN KROATIEN IST KEIN FISCH IN DER FISCHSUPPE

Pechschwarz ist das Essen auf dem Teller. Angebrannt? Es entpuppt sich als Risotto, aus dem dünne Fangarme mit Saugnäpfen ragen. »Tinte«, beruhigt der Kellner. Die Farbe stammt von einem zerlegten, gummiartigen Tintenfisch, der weich gekocht wurde. Machen wir uns nichts vor: Das schwarze Risotto sieht für Kontinentaleuropäer gewöhnungsbedürftig aus. Mit ein wenig Parmesan entpuppt es sich jedoch schon nach dem ersten Bissen als einzigartiges Geschmackserlebnis!

Noch mehr Saugnäpfe gefällig? Gegrillte Babycalamari sind in Kroatien sehr beliebt, mit Knoblauchpesto und dem unverzichtbaren Mangold auf dalmatinische Art als Beilage. Wer die »nackten« Tintenfische nicht mag (weiß, glibberig, ohne Panade), wählt die frittierte Variante. Noch etwas: Die Calamari stammen nicht immer »frisch aus der Adria«, sondern können »ganz frisch aus der Tiefkühltruhe« kommen, wenn sich der Kellner mal verplappert. Ups!

Auf jeder gehobeneren Speisekarte in Küstennähe finden sich unterdessen die fingerdicken Fangarme des Oktopus – mitsamt Saugnäpfen – als »Krakensalat«. Das Grüne daran, also den Salat an sich, spart man sich. Dafür streckt ein Berg Zwiebelringe die oft winzigen Portionen der *salata od hobotnice* mengenmäßig.

Ein Salat ohne Salat? Klar geht das! Schließlich wird die klare Fischsuppe in Dalmatien auch ohne Fisch serviert. Der verschwindet nämlich auf dem Weg vom Kochtopf zum Gast. Ein Fall für Detektive? Nein. Viele Kellner in Dalmatien hören jeden Tag aufs Neue die immer gleiche Frage: »Herr Ober, haben Sie da nicht etwas vergessen?« Denn wer bereits Fischsuppe in Slawonien probiert hat, der weiß: Dieses typisch kroatische Gericht gibt es auch mit richtig viel Fisch! Ein *fiš paprikaš* (ausgesprochen: Fisch-Paprikasch – Hach, das Wort zergeht doch buchstäblich auf der Zunge, nicht wahr?) kommt als sämiger Eintopf mit dickem, wohlgenährtem slawonischem Karpfen auf den Tisch und sorgt für zufriedene, pappsatte Gäste.

Seinen kulinarischen Höhepunkt erlebt der Krake hingegen *ispod peke*. Die *peka* ist kein Gericht, sondern eine dalmatinische Zubereitungsart, bei der eine Schmorglocke stundenlang in die Glut geschoben wird. Für die ideale *peka* bedarf es Oktopus (Lamm, Kalb und

Co. gehen natürlich auch), dazu Kartoffeln, Karotten, Zwiebeln und Rosmarin.

Stundenlang harrt der *peka*-Meister am Riesengrill mit Kaminschlot aus, der oft an einen Altar erinnert. Zwischen zwei Gläsern *bevanda* wird die Glut geschürt, nachdem der Zuständige von seinen Freunden immer wieder an seine Pflicht erinnert wird: »Solltest du nicht nach der *peka* schauen?« Dann wird herumgestochert, probiert, kommentiert – und natürlich dauert es immer noch ein wenig, bis das Schmorritual zu Ende ist. Genug Zeit für ein oder zwei weitere *bevanda* ... mindestens. Und wie es beim Grillen, pardon, Schmoren so ist, ist das Ganze irgendwie Männersache: Was die *peka* betrifft, so lassen die Kroatinnen ihre Männer gerne schmoren!

Übrigens

Eine *peka* ist Adria-Food, das bevorzugt in Meeresnähe zubereitet wird. Die beste *peka* bekommen Sie in einer für die Region typischen Taverne, die *konoba* genannt wird. Früher hießen die Weinkeller in Dalmatien so, mittlerweile ist dies der gängige Name für urige Restaurants mit Fischernetzen, alten Sensen oder knorrigen Holzbänken. Ihr Vorteil: Alles ist *domaće* – hausgemacht, saisonal und regional. Auf den Tisch kommt oft nur das, was das Meer an diesem Tag hergibt – also wirklich frischer Fisch. *Peka*-Gerichte müssen vorbestellt werden, meist für eine ganze Gruppe: Kleine Mengen werden zäh, gummiartig und nicht gut. *Peka* bedeutet daher immer auch Geselligkeit!

Lust auf außergewöhnliche Wasserbewohner auf dem Teller? Im sumpfigen Neretva-Delta in Dalmatien landen gerne Frösche und Aal in einem *brodet*, einem regionalen Eintopf. Die gerne roh servierten Kvarner Scampi gelten als die schmackhaftesten weltweit, in Novigrad findet für die köstliche Jakobsmuschel sogar ein eigenes Gourmetfest statt. Frische Austern von der Halbinsel Pelješac werden bis nach Dubrovnik geliefert, und am Lim-Kanal in Istrien halten ganze Reisebusse mit Touristen, um die regionale Köstlichkeit zu probieren. Absolut tabu sind hingegen Steinbohrermuscheln, die auf Kroatisch *prstaci* heißen. Diese Muschelart haftet so stark, dass für ihren Verzehr die Adriaküste abgetragen werden muss: Ein romantisches Abendessen für Zwei kostet einen halben Quadratmeter Steinküste, und bis die Population wieder anwächst, können 30–50 Jahre vergehen. Die Steinbohrermuscheln sind deshalb in Kroatien offiziell verboten (leider nicht in Bosnien und Herzegowina!), doch es ist ein offenes Geheimnis, dass es in jeder größeren Stadt mindestens ein Restaurant gibt, in dem der Gastwirt seinen besonders treuen Gästen diese Köstlichkeit dennoch anbietet. Natürlich heimlich, still und leise. Falls Sie solch ein Angebot bekommen: Finger weg, die Küste und Ihre Enkel werden es Ihnen danken!

Trotz allem gehören die Kroaten innerhalb der EU eher zu den Schlusslichtern im Hinblick auf den Fischverzehr: Gerade einmal zehn Gramm Fisch kommen pro Einwohner und Tag auf den Tisch, in Spanien ist es das Siebenfache. Eine Studie der nationalen Lebensmittelagentur hat zudem ergeben, dass ausgerechnet in der

Bergregion Lika – fernab vom Meer – besonders viel Fisch gegessen wird. So machten sich die Forscher auf, um herauszufinden, wo die Bewohner der Lika ihren Fisch herbekamen, und fanden heraus, dass hier vor allem Fischkonserven auf den Tisch kommen.

Gut zu wissen

Ein Fisch muss in Kroatien insgesamt dreimal schwimmen: zunächst im Wasser, dann in Öl und zuletzt in Wein, pflegen die Kroaten zu sagen.

IN KROATIEN NIMMT DIE ZAHL DER URLAUBER ÜBERHAND

Stellen Sie sich einmal folgendes Szenario vor: Sie leben in Dubrovnik, arbeiten in der Altstadt und müssen täglich eine Stunde früher aufstehen, da gerade ein Kreuzfahrtschiff angelegt hat. Konkret bedeutet das, dass Tausende Passagiere zufällig das gleiche Ziel haben wie Sie. Spätestens ab dem Hafen Gruž wird es unmöglich, einen Platz im sowieso schon hoffnungslos überfüllten Linienbus zu ergattern. Da hilft nur eins: den Wecker früher stellen, ehe alle anderen sich ebenfalls auf den Weg machen.

Lust auf noch ein Horrorszenario? Angenommen, Sie bewohnen seit Jahren eine schmucke Wohnung in der Altstadt von Dubrovnik. Plötzlich teilt Ihnen der

Vermieter jedoch mit, dass Sie von Mai bis September raus müssen, da er im Sommer an Touristen vermieten möchte. Das bringe mehr Geld.

Alles nur Kopfkino? In Dubrovnik leider nicht. Die »Perle der Adria« ist ein sprichwörtlicher Besuchermagnet mit der malerischen Altstadt, die von einer wuchtigen Wehrmauer umgeben ist. Bis zur Corona-Pandemie hat der Tourismus allerdings überhandgenommen, ein Phänomen, das sich »Overtourism« nennt. Dadurch hat sich das Leben in Dubrovniks Altstadt komplett verändert: Den lieb gewonnenen Espresso auf der Flaniermeile Stradun kann sich längst nicht mehr jeder Dubrovniker leisten (woraufhin ein Wirt Sonderpreise für die Stadtbewohner einführte, was ihm jedoch prompt Ärger einbrachte). Die kleinen Geschäfte in der Altstadt verkaufen Snacks, Getränke und Lebensmittel in Reisegröße. Dank internationaler Buchungsportale sind die alten Nachbarn weg, dafür wechseln die Bewohner der Altstadtwohnungen fast täglich. Nur noch 800 Einwohner können sich heute das Leben im Stadtkern leisten, früher waren es 5.000.

Wer »Glück« hat, darf im Oktober wieder in seine Wohnung zurück, wenn die Touristen abgereist sind. Manche spielen das Spiel mit und kommen über den Sommer bei den Eltern unter. Andere sind zum Wegzug in die Umgebung gezwungen. Jeder Quadratmeter, der sich zu Geld machen lässt, wird vermietet. Das führt teils zu bizarren Unterkunftsangeboten, wie einer übergroßen Holzbox als Schlafraum oder einem Zelt auf dem Balkon, wie eine kroatische Zeitung herausgefunden hat.

Insgesamt knapp zwei Millionen Touristen schieben sich jedes Jahr durch Dubrovnik. Die Stadt mit ihren rund 40.000 Einwohnern stößt damit an ihre Grenzen: In Vor-Corona-Zeiten kamen in den vergangenen Jahren pro Tag (!) rund 300 Busse, bis zu 17.000 Kreuzfahrtpassagiere, Tausende Tagestouristen und dazu noch die Urlauber in den Dubrovniker Hotels – da wird es eng. Die Stadtverwaltung sucht schon seit Jahren nach Lösungen, um allen Parteien gerecht zu werden: Im Sommer werden Busfahrer aus der Hauptstadt Zagreb »ausgeliehen«, die zusätzlich zu ihrem normalen Lohn für Kost und Logis in Dubrovnik aushelfen. Polizisten aus anderen Städten werden herangezogen, um die Kollegen vor Ort zu unterstützen. Eine Zeit lang gab es sogar innerhalb der winzigen Altstadt Verkehrspolizisten, die den Fußgängerverkehr regelten, und das, obwohl die Hauptflaniermeile Stradun gerade einmal 300 Meter lang ist. Bei gleichzeitiger Ankunft zweier Schiffe mit insgesamt 8.000 Passagieren sieht man das blankpolierte Pflaster unter den eigenen Füßen nicht mehr. Die Stadtmauer, auf der jährlich knapp zwei Millionen Besucher entlangspazieren, hat nun eine vorgeschriebene Laufrichtung verpasst bekommen. So verheddern sich die vielen Selfiesticks der Touristen, gefühlt zumindest, weniger miteinander. Außerdem wird pro Urlaubsgast nun ein Euro Kurtaxe fällig, auch wenn er nur wenige Stunden in der Stadt ist. Mit dem Geld, das zusätzlich zur Kurtaxe von Übernachtungsgästen erwirtschaftet wird, sollen Busverkehr und Infrastruktur ausgebaut werden. Damit dürfte es, so zumindest die Theorie, in den Linienbussen nicht mehr ganz so eng zugehen.

Praxistipp

Im Sommer ist die Altstadt von Dubrovnik an manchen Tagen heillos überfüllt. Wer flexibel ist, meidet die Stoßzeiten lieber. Die Website www.dubrovnik-visitors.hr zeigt auf, an welchen Tagen wie viele Urlauber erwartet werden. Einheimische nutzen zudem oftmals die öffentlichen Webcams, um den Andrang in der Altstadt einzuschätzen. Auch örtliche Radiosender halten Interessierte auf dem Laufenden. Manchmal hilft ein ganz einfacher Trick: Kommen Sie am Abend! Dann sind die meisten Tagestouristen und Kreuzfahrtschiffe wieder weg. Die Seilbahn auf den Berg Srđ verkehrt im Sommer bis Mitternacht, und spätabends ist ein Bummel auf der Stadtmauer nicht nur romantischer als bei flirrender Sommerhitze – sondern auch weitaus angenehmer.

Harte Fakten

20 Millionen Urlauber reisen jedes Jahr nach Kroatien: Neben Dubrovnik gehören Rovinj, Poreč und Medulin in Istrien sowie Split in Dalmatien zu den beliebtesten Urlaubszielen. Der Tourismus machte vor der globalen Corona-Pandemie fast 25 Prozent des Bruttoinlandsproduktes aus, 2018 wurden insgesamt etwa 12 Milliarden Euro erwirtschaftet. Als die Pandemie die Übernachtungszahlen einbrechen ließ, wurde die starke Abhängigkeit Kroatiens vom

Der Tourismus hat auch an anderen Orten überhandgenommen: An den weltberühmten Plitwitzer Seen, die
Teil des UNESCO-Welterbes sind, marschierten zuletzt
an heißen Sommertagen bis zu 20.000 Touristen rund
um die 16 malerischen Gewässer. Stehenbleiben war
unmöglich, denn schon am Eingang gab es lange Warte-
schlangen. Als Bremse hat die Parkverwaltung erstmals
ein Frühbuchersystem eingeführt: Nur, wer sich vorab
im Internet ein Ticket sichert, kommt in den Park. Rest-
karten an den Kassen gibt es nur wenige. Dadurch will
man die Besucherflut in Kroatiens ältestem Nationalpark eindämmen. Die vielen Gäste kurbeln den Bau von
Apartmenthäusern und Luxusvillen in der wirtschaftlich schwachen Gegend an. Die Kehrseite der Medaille
ist jedoch das Abwasser einiger Häuser, das teilweise
in illegale Sickergruben mitten in der Natur abgeleitet
wurde. Die Lage sei alarmierend, so das Onlineportal
express.hr – ein wenig Erholung brachte die Corona-
Pandemie, zumindest für die Natur.

Aber

Der »Schatz im Silbersee«, den Indianerhäuptling
Winnetou seinerzeit suchte, befindet sich mitten
im Nationalpark Plitwitzer Seen – zumindest auf
der Kinoleinwand. Die einzigartige Landschaft mit
ihren Wasserfällen wurde in den 1960er-Jahren

durch die Verfilmungen der *Winnetou*-Romane von Karl May berühmt – und zog vor allem viele Urlauber aus dem deutschsprachigen Raum an. Auch anderswo wurde gedreht: Die Zrmanja-Schlucht bei Obrenovac ist eine wunderbar steinige Prärielandschaft mitten in Europa, ganz wie man sich den Wilden Westen vorstellt. In der Verfilmung *Winnetou I* wurde sie kurzerhand zum Rio Pecos mit Apachen-Pueblo. Nur die Kakteen gab es dort nicht, die waren eine Attrappe. Ein Kanu, Fotos, Filmplakate und viele Requisiten finden sich heute im Winnetou-Museum in Starigrad-Paklenica. Es ist im ehemaligen Motel Alan, heute ein Hotel, untergebracht, in dem die Filmcrew in den 1960er-Jahren übernachtete. Die RTL-Neuverfilmung von 2015 mit dem beliebten deutschen Schauspieler und »*Tatort*-Kommissar« Wotan Wilke Möhring als Old Shatterhand wurde hingegen ebenfalls an »Original-Schauplätzen« gedreht, heißt es in der Pressemitteilung. Damit ist jedoch nicht die amerikanische Prärie, sondern Kroatien gemeint. In der Bergregion Gorski kotar können Filmfans die Spuren der Neuverfilmung entdecken: Einige Westernhäuser, etwa der Saloon, ein Sheriffbüro mit Gefängniszelle und eine Holzkirche, stehen noch immer in der Filmstadt Roswell City (35 Kilometer östlich von Rijeka) und können besichtigt werden. Der »Schatz im Silbersee« wurde in der Neuauflage von *Winnetou* allerdings woanders versteckt: In der Tropfsteinhöhle Vrelo bei Fužine. Damit steht fest: Winnetou ist (fast) ein Kroate.

DER *PROPUH* BRINGT DIE KROATEN INS GRAB

Ein Serienkiller mit Kettensäge? Ein Atomkrieg? Oder Corona? Das alles sind zwar schreckliche Dinge, doch die Kroaten haben ein einen weitaus bedrohlicheren Feind. Dieser trachtet immer und überall nach ihren Leben: Sei es auf der Couch, im Büro oder auf Reisen, es kann einen jederzeit erwischen. Der Übeltäter heißt *propuh* und wird mit fast ehrfürchtig gehauchtem »h« am Wortende ausgesprochen. Wer Kroatisch versteht, dürfte schon beim Lesen erschaudern und beipflichtend nicken oder gar aufspringen: »Oh ja, dieser fiese *propuh*, das ist ein wirklich gefährliches Phänomen!«

Doch was mag das für eine Erscheinung sein, die selbst die tapfersten Kroaten in Angst und Schrecken versetzt? Der gemeine Durchzug! *Propuh* ist das kroatische Wort für Luftzug. Dabei ist nicht die feine Meeresbrise an den hochsommerlichen Adriastränden gemeint, die die langersehnte Erfrischung bringt – sondern jenes Lüftchen, das bei zwei gegenüberliegenden Fenstern in einem Raum entsteht. Tür und Fenster oder Tür und Tür sind ebenso gefährlich.

Fakt ist: Der dadurch entstehende Durchzug bedroht die Gesundheit der Kroaten nicht nur ernsthaft, sondern kann sogar tödlich sein. Die Todeswarnung wird dabei stets in klare Worte verpackt: »*Pazi, ubit će te propuh*«, was wörtlich heißt, dass man sich in Acht nehmen solle, da der Durchzug einen umbringen werde. Nicht, dass man sich »nur« eine Mittelohrentzündung oder eine Erkältung einfangen könnte (Konjunktiv!) – im Kroatischen droht allen, die den Ernst der Lage unterschätzen, unvermeidlich der sichere Tod. Vermutlich ist das Wort Durchzug nirgendwo in der Welt so negativ behaftet wie in Ex-Jugoslawien.

In Stadtbussen mit Schiebefenstern (und in den alten Zagreber Straßenbahnen, die neuen werden nämlich durch Klimaanlagen reguliert) sorgen beidseitig geöffnete Fenster an manchen Tagen für Zoff: »*Propuh!*«, schreit jemand aus der Menge, und sofort schieben verständnisvolle Finger die Fensterluke wieder zu. »Es ist aber heiß«, klagt eine andere Stimme aus der Menschentraube. Doch dieses Argument zählt nicht, da jeder weiß, wie gefährlich der *propuh* ist.

Befinden sich unter den Fahrgästen allzu militante *propuh*-Gegner, werden die Schweißflecken auf Blusen und Hemden von Haltestelle zu Haltestelle immer größer. Wer clever ist, hat eine Zeitung (seltener einen Fächer) dabei, um sich ein wenig Erleichterung zu verschaffen. Die meisten Passagiere harren jedoch einfach aus: Schließlich lassen sich Schweißflecken auswaschen, ganz im Gegensatz zum Massenkiller *propuh*, der einen ... nun, das wissen Sie ja bereits.

Mit dem *propuh* ist keinesfalls zu scherzen: Er hat es schon auf Säuglinge im Stubenwagen abgesehen (Risikostufe: sehr hoch) oder auf Pensionäre, die einfach nur ihren Nachmittagskaffee am Küchentisch trinken möchten (Risikostufe: sehr hoch). Selbst wenn die Türen fest verschlossen sind, kann es vorkommen, dass jemand im Zimmer fragt, ob man denn nicht auch einen leichten Luftzug spüre ... Und schon beginnt die wilde Suche nach der vermeintlichen Luftquelle.

Propuh ist ein sehr verbreiterter Alltagsmythos. Ihm wird gerne auch die Schuld an vielen Krankheiten in die Schuhe geschoben. Ganz egal, welches Zipperlein man auch hat, meist lautet die Diagnose wohlmeinender Mütter oder Nachbarinnen einstimmig: »Du warst bestimmt im *propuh*, oder?«

Die Gefahr, an *propuh* zu sterben, erhöht sich drastisch, wenn man barfuß, also ohne Socken, umher läuft, oder mit nassen Haaren in der Zugluft steht und damit gar auf die Straße geht. Sollten Sie einmal auf die wahnwitzige Idee kommen, mit ungeföhnten Haaren (und barfuß) draußen herumzuspazieren, wird es vermutlich keine zwei Minuten dauern, bis Ihnen jemand erklärt, wie gefährlich das ist. Das Gleiche gilt auch für kühle Steintreppen oder -mauern, die Ihnen eine kostenlose Blasenentzündung garantieren. »Sitzen Sie nicht auf dem kalten Stein!«, wird Ihnen in Kroatien manchmal auch von wildfremden Menschen zugerufen. Ein entsprechender Witz lautet: Zwei Teenager sitzen auf einer kalten Steintreppe und probieren gerade Drogen aus. Kommt ein altes Mütterchen vorbei und sagt: »Aber Mädchen, was macht ihr denn da?« –»Wir nehmen nur ein wenig Heroin«, antworten die Teenager. Darauf die Frau: »Gut, aber passt auf, dass ihr euch nicht verkühlt auf der kalten Steintreppe!«

Praxistipp

Jeder reagiert anders auf Durchzug. Der eine fährt mit rundum geöffneten Fenstern Auto, der andere bekommt beim geringsten Lüftchen schon Halskratzen. Ein Tipp für Empfindliche: Immer einen Schal mitnehmen, denn so sehr die Kroaten den Durchzug auch fürchten, so wird die Klimaanlage in Einkaufszentren oder Geschäften im Sommer dennoch gerne aufgedreht, was nicht unbedingt jedermanns Sache ist, auch wenn man nicht an den *propuh*-Mythos glaubt …

DIE KROATEN VERFLUCHEN SO ZIEMLICH ALLES

14
Schimpfwörter

Wenn sich Papa Wolf und Mama Wolf dazu entschließen, süße kleine Wölfchen zu zeugen, dann brauchen sie dafür einen geeigneten Ort. Dieser wird sich vermutlich nicht mitten auf dem kroatischen Großstadtasphalt befinden, sondern irgendwo in der Pampa, in der totalen Provinz. Auf Kroatisch heißt solch ein Ort *vukojebina*, wörtlich übersetzt »Wolfsbumserei«. Zugegeben, das lässt sich im Deutschen harmloser umschreiben, etwa so: »Dort, wo sich Fuchs und Hase gute Nacht sagen« ...

Nun werden Sie sich vielleicht fragen, was Wölfe, Hasen und Füchse mit Schimpfwörtern zu tun haben? Betrachten Sie es als Versuch einer möglichst schmerzfreien Einführung in ein heikles Thema – denn Fluchen in Kroatien ist nicht ganz ohne. Und damit Ihnen nun nicht die saftigsten Schimpfwörter aus heiterem Himmel um die Ohren fliegen, beginnt das Kapitel mit ein paar niedlichen Tieren. Irgendwie muss man sich ja ganz charmant zum F-Wort vortasten. Nun ist es raus, das Synonym für Geschlechtsverkehr, Vögeln, Bumsen oder einfach Sex haben (was in der kroatischen Umgangssprache übrigens reflexiv ist, die Kroaten nennen es *seksati se*, also wörtlich: »sich sexen«).

Aber

Damit die Autorin nicht jedes Mal aufs Neue beim Tippen dieses Wortes errötet, wird ab sofort ein Sternchen als Platzhalter eingesetzt: »F*cken«, Sie verstehen? Oder auf Kroatisch: *j*bati* (das »*« ersetzt den Buchstaben »e«). Nun wissen Sie Bescheid, und wir können in die Untiefen des kroatischen Schimpfwortschatzes eintauchen.

Gut zu wissen

Noch eine Warnung vorab: Wenn ein Ausländer behauptet, er kenne da »ein paar kroatische Wörter«, die er von seinen Kumpels aufgeschnappt hat – dann sollten Sie Minderjährigen die Ohren zuhalten. Machen Sie sich auf das Schlimmste gefasst, denn meist handelt es sich um derbe Schimpfwörter, die von einfachen Geschlechtsteilen bis hin zu dreimal verf*ckten Hunden reichen …

In Kroatien ist Fluchen nicht nur ein Ventil, wenn man seinem Ärger Luft machen will. Es kann durchaus vorkommen, dass Sie sich im Café gerade über etwas Schönes unterhalten – etwa über den Sonnenuntergang am Meer – und plötzlich eine ganze Fluchtirade um die Ohren geballert bekommen: »*Ajme, j*bo te pas, kako je to lijepo*«, was in etwa heißt: »Ach, f*ck dich der Hund, ist das aber schön!« Natürlich kann auch das Grillfleisch im Restaurant »wirklich verf*ckt gut« schmecken: »*Ah, j*bo te, ovo meso je zaista dobro*«, und wenn Sie sich ärgern, können Sie verbal auch eine Maus f*cken: »*J*bo te miš*«, je nach Belieben auch einen Hund, einen Hasen und so weiter ... Die Flüche erfüllen dann die Funktion eines Füllworts oder einer Verstärkung, um dem Gesagten mehr Ausdruck zu verleihen.

Aber

Natürlich gehört Fluchen auch in Kroatien nicht zum guten Ton. Dennoch sind Schimpfwörter in der gesprochenen Sprache allgegenwärtig. Übersetzt man die Flüche wörtlich ins Deutsche, klingen sie zuweilen sehr derb. In Kroatien haben Flüche oft mit Sex, Geschlechtsorganen (der eigenen Mutter!) oder der Gleichsetzung von Mensch und Tier zu tun. Das F-Wort *(j*bati)* wird mit der mütterlichen Vagina oder mit Hunden kombiniert, und auch das männliche Geschlechtsorgan *(kurac)* kommt in Kroatien nicht zu kurz. Im deutschsprachigen Raum geht es eher um Fäkalien (Sch**ße) oder auch um Religion (Kruzifix noch amol!).

Warnhinweis: Weiterlesen nur auf eigene Gefahr! Weder die Autorin noch der Verlag übernehmen irgendeine Form von Haftung, falls Sie nun rot werden, nach Luft ringen oder durch die nachfolgenden Flüche Ihr Glaube an die Menschheit erschüttert werden sollte.

Bitte bestätigen Sie nun mit einem lauten »Ja«, dass Sie diesen Hinweis gelesen haben und über 18 Jahre alt sind. Okay. Dann kommt für Sie nachfolgend eine kleine Auswahl der bekanntesten kroatischen Flüche:

- *pička ti materina* = Mutters Vagina (eher: Fotze)
- *idi u pičku materinu* = Geh zurück in die Vagina deiner Mutter
- *idi u tri pičke materine* = Der vorstehende Fluch, aber hoch drei
- *J*bem ti majku, gdje si?* = Ich f*ck deine Mutter (im Sinne von: Menschenskinder oder Mannometer), wo steckst du?
- *Nemoj me j*bat!* = F*ck mich nicht, im Sinne von: Veräppel mich doch nicht
- *j*bi ga = f*ck it* (engl.)
- *j*bi se* = F*ck dich
- *odj*bi = f*ck off* (engl.), Verpiss' dich (dt.)
- *j*bi ti sve po spisku* = F*ck doch alles, der Reihe nach
- *j*bem ti mater* = Ich f*ck deine Mutter
- *j*bem ti pas mater* = F*ck doch der Hund deine Mutter
- *Ma tko te j*be?* = Wer f*ckt dich?, im Sinne von: Was ist in dich gefahren?
- *pun kurac* = Ein voller Schwanz, im Sinne von: Ich habe es satt

- *puši (mi) kurac* = Ach, leck' mich doch!, wörtlich: Lutsch' mir doch den Schwanz

KROATIEN KANN NUR MILLIONENAUTOS

Während sich heute auf kroatischen Straßen so ziemlich jede Automarke tummelt, war die Auswahl zu Zeiten des Sozialismus recht überschaubar: Absoluter Kult war der im Volksmund *Fićo* – nach einer Comicfigur – genannte, winzige Fiat 600. Der Italiener galt in diesem Fall allerdings nur als Vorbild, in Jugoslawien hieß das baugleiche Modell nämlich Zastava 750 und rollte in der Fabrik Crvena Zastava (Rote Flagge) im serbischen Kragujevac vom Band. Der Lizenzbau galt als das erste jugoslawische Volksauto und war ein Symbol des Wirtschaftsbooms: Von 1955–1985 wurden knapp 930.000 Stück dieses Kleinstwagens produziert. Da der Kofferraum so winzig war, mussten die Beifahrer ihre Taschen meist auf den Schoß nehmen. Vor dauerhaften Rückenschäden verschont blieben höchstwahrscheinlich nur Insassen unter 1,70 Meter, so die Vermutung der Autorin.

Gut zu wissen

Der *Fićo* ist in Kroatien extrem selten geworden. Im MEMO (Museum of Good Memories, www.memo-museum.com) in Pula, in dem jugoslawische Alltagsgegenstände zum Anfassen präsentiert werden, kann man in ein hübsches, knallgelbes Modell hineinklettern und Nostalgie-Selfies machen. Wer selbst auch so einen kultigen *Fićo* besitzen möchte (in Pfefferminzgrün, ein Traum!) wird in einer Oldtimer-Werkstatt im nordmazedonischen Skopje fündig: Dort werden die Liebhaberstücke aufgepeppt und mit deutschen Elektromotoren versehen. Der Umbau kostet etwa 20.000 Euro – Bestellungen gibt es wohl auch aus Deutschland, heißt es in einem TV-Beitrag des ARD-Studios in Wien.

Der Yugo oder auch Jugo rollte ebenfalls in den serbischen Zastava-Werken vom Band. Dabei schrieb der »jugoslawische Trabbi« sogar internationale Erfolgsgeschichte: Unter dem Werbeslogan »*Everybody needs a Yugo sometimes*« (Jeder braucht mal einen Yugo) wurden knapp 140.000 Stück in die USA verschifft. Als die erste Ladung aus der montenegrinischen Hafenstadt Bar auslief, schmückte man dort die Straßen entsprechend mit der jugoslawischen und der amerikanischen Flagge. Zu kaufen gab es den Yugo in den 1980er-Jahren in Amerika für sagenhafte 3.990 US-Dollar. Doch selbst der niedrige Preis überzeugte die amerikanischen Auto-kritiker nicht. Eine US-Zeitschrift kürte den Yugo sogar zu einem der »50 schlechtesten Autos aller Zeiten«. Um über all die »Kinderkrankheiten«, die das Auto hatte – etwa, dass die Scheibe einfach aus heiterem Himmel in die Türverkleidung rutschte –, zu berichten, wären vermutlich ein paar zusätzliche Seiten in diesem Buch erforderlich ...

Aber

Der Yugo wurde zwar oft verspottet, schaffte es seinerzeit aber dennoch in rund ein Dutzend Hollywoodfilme! Als Verfolgungsauto taucht der Yugo im legendären US-Film *Stirb langsam: Jetzt erst recht* (1995) mit Bruce Willis auf. In der US-Komödie *Der Fall Mona* aus dem Jahr 2000 spielt der Yugo dann sogar die Hauptrolle und wird als Mörder verdächtigt: Fast alle Bewohner eines verschlafenen US-Städtchens fahren im Rahmen einer Testreihe einen Yugo. Protagonistin Mona, gespielt von Bette Midler, kommt dabei in einem Yugo ums Leben, dessen Bremsen versagt haben. In der Rolle des »Versagers« tauchen im Animationsfilm *Cars 2* (2011) gleich mehrere Autos mit dem Nachnamen Hugo auf – die stark an den Yugo 45 erinnern. Selbst Homer Simpson fährt einmal in einem ähnlichen Modell durch die Straßen der beliebten Zeichentrickserie *Die Simpsons*.

Falls Sie heute noch einen Yugo in Kroatien sehen, dann am ehesten vergessen und verrostet am Wegrand – oftmals ohne Logo oder Markenzeichen, denn der Autoname Yugo ist in Kroatien alles andere als verkaufsfördernd. Doch dafür ist es nun ohnehin zu spät. 2008 rollte der letzte Yugo vom Band, ehe er in Rente geschickt wurde und Fiat die serbischen Zastava-Werke übernahm.

Kroatien selbst hatte zu jugoslawischen Zeiten – im Gegensatz zu Serbien, Slowenien sowie Bosnien und Herzegowina – keine eigene Autoproduktion. Ausländische Investoren fanden nach dem Zerfall Jugoslawiens anderswo, etwa in Serbien, weitaus attraktivere Standorte: Subventionen, schnelle Baugenehmigungen und direkten Kontakt zum Staatspräsidenten – da konnte Kroatien nicht mithalten.

Aber

Halten Sie sich fest: Kroatien ist heutzutage, was die Automobilindustrie angeht, ganz vorne mit dabei! Die Erfolgsstory des Sportwagenherstellers Rimac aus Sveta Nedelja bei Zagreb ist beispiellos: Firmengründer Mate Rimac entwickelt elektronische Sportwagen im High-End-Preissegment. Das bedeutet, dass eines seiner Autos schon mal eine Million Euro kosten kann. Dafür ist der Supersportwagen Rimac C-Two mit nur 150 produzierten Exemplaren auch wirklich ziemlich exklusiv. Was das Auto so teuer macht: Jedes Rad hat beispielsweise einen eigenen Elektromotor, gemeinsam kommen diese auf 1.408 kW (1.914 PS). Von 0 auf 100 km/h? Das geht in zwei Sekunden. Das Produkt war so überzeugend, dass inzwischen auch Porsche, Hyundai und KIA zu den Anteilseignern gehören – und das nicht ohne Grund: Der Marktwert von Rimac Automobili wird auf fast 600 Millionen Euro geschätzt. Derzeit beschäftigt das Unternehmen rund 1000 Mitarbeiter aus aller Welt, in den kommenden Jahren sollen es 2500 werden, so die Pläne. Angefangen hatte Mate Rimac mit einer kleinen Werkstatt, in der er einen Sportwagen mit einem Elektroantrieb versah. 2009 gründete er die heutige Firma, die alle Arbeitsschritte unter einem Dach vereint: von der Skizze bis zum fertigen Auto – alles Handarbeit, *made in Croatia*.

JEDEM KROATEN
SEINE PISTOLE

16
Waffenbesitz

In kroatischen Kellern lagern nicht nur Wein, Schnaps und Kartoffeln, sondern auch ganz andere Dinge: Da findet sich schon mal eine Kalaschnikow zwischen Handgranaten, von denen niemand so recht weiß, wohin damit. Legal ist das private Waffenarsenal in der Regel nicht, denn es stammt meist aus den 1990er-Jahren, als in Kroatien Krieg herrschte. Damals fragte niemand nach einem Waffenschein. Selbst das internationale Waffenembargo war nicht in Stein gemeißelt. Unmengen an Maschinenpistolen, Sturmgewehren und Munition gelangte auf verschiedenen Wegen ins junge Kroatien, das es zu verteidigen galt. Kroatische Auswanderer in Westeuropa und Amerika, die meist nur als »Diaspora« bezeichnet werden, steuerten großzügig Hilfsgüter und sicher so manch andere nützliche Sache bei. Waffenhändler aus dem Ausland beschafften Nachschub vom Grauen oder Schwarzmarkt. Anderes Kampfgerät stammte aus den Beständen der Jugoslawischen Volksarmee und war »ganz zufällig« zu Hause im eigenen Schrank gelandet. Kurz vor Kriegsausbruch 1991 kaufte Kroatien ganz offiziell »Polizeiausstattung« in Ungarn, darunter 10.000 Maschinenpistolen der ungarischen Arbeitermiliz, heißt es in einem Beitrag des Netzwerks Friedenskooperative.

Doch was ist eigentlich mit den ganzen illegalen Waffen passiert, die die Kroaten zur Selbstverteidigung zu Hause gebunkert hatten? Nicht jeder will das Kriegswerkzeug mehr unter seinem Dach haben, weshalb die kroatische Polizei vor einigen Jahren eine Kampagne startete: *manje oružja, manje tragedija* (Weniger Waffen, weniger Tragödien). Dabei rief sie die Bevölkerung dazu auf, sich freiwillig von allen automatischen Feuerwaffen, Schusswaffen, Explosiva, Granaten sowie jeglicher Art von Munition und sonstigem gefährlichen Gerät zu trennen. Die Menge, die schon nach kurzer Zeit zusammenkam, war beachtlich: Mehrere Tausend automatische Feuerwaffen und Explosiva sowie einige Millionen Schusspatronen wurden eingesammelt. Einen kleinen Anreiz gab es auch: Wer seine Waffe im Rahmen dieser zeitlich unbefristeten Aktion freiwillig abgab, musste keine Strafe fürchten.

Doch wie genau gibt man eine illegale Waffe ab? Packt man sie einfach in eine Plastiktüte und fährt mit dem Bus quer durch die ganze Stadt bis zur Polizeistation? Bloß nicht! Nicht auszudenken, wenn sich ein Schuss lösen oder eine Granate explodieren würde! Immer wieder wird darauf hingewiesen, dass die Rückgabe zwingend zu Hause erfolgen muss: Dem Waffenbesitzer wird dabei versichert, dass kein Einsatzkommando das Haus umzingelt und die Wohnung stürmt, sondern dass Experten in Zivilkleidung die Waffe ganz unauffällig abholen. Dadurch werde auch kein Verdacht bei den Nachbarn geweckt, so zumindest das Versprechen.

Ebenso dürfen die Waffen nicht eigenmächtig entsorgt werden, warnt die Polizei. Das hat vor einigen Jahren zum tragischen Tod eines Obdachlosen in Zagreb geführt: Der Mann hatte sich an einer Straßenbahnhaltestelle an einer Mülltonne zu schaffen gemacht, in der zuvor sieben Handbomben und 200 Gramm Sprengstoff entsorgt worden waren.

Früher musste sich jeder Waffenbesitzer in Kroatien spätestens alle fünf Jahre eine Bescheinigung vom Arzt holen: »Ja, mit mir ist alles in Ordnung, ich darf meine Waffe weiterhin behalten.« Diese Vorschrift wurde, trotz starker Kritik, mittlerweile abgeschafft. Das neue Waffengesetz ist dennoch streng: Sollten Ärzte bei Patienten mit Waffengenehmigung »Veränderungen des Gesundheitszustands« feststellen, so muss das umgehend gemeldet werden (wobei sich hier unwillkürlich die Frage stellt, was mit jenen Waffenbesitzern ist, die nie zum Arzt gehen, oder jenen, die illegal Waffen besitzen). Weiterhin gilt: Wer eine Waffe neu anschaffen möchte, muss sich zwingend einem ärztlichen Check unterziehen.

Aber

Nicht jede Waffe in Kroatien ist illegal! 260.000 Stück sind offiziell registriert, was bedeutet, dass im Schnitt jeder sechste Haushalt eine besitzt. Die meisten sind für die Jagd bestimmt, weniger für die Personensicherheit, und einige Tausend für das Sportschießen.

DIE KROATEN LASSEN DIE ERDE BEBEN

Dinamo Zagreb? Oder doch lieber Hajduk Split? Keine Frage: Es kann nur einen Fußballklub geben, für den das Fanherz schlägt. Wer im Norden Kroatiens lebt, wird vermutlich die Zagreber Jungs anfeuern, während die Herzen in Dalmatien eher für die Kicker aus Split schlagen. Diese geografische Zweiteilung trifft zumindest in den meisten Fällen zu (die übrigen Klubs vernachlässigt die Autorin aus Platzgründen jetzt einfach mal). Eines haben beide Mannschaften gemeinsam: ihre überaus feurigen Fanklubs, die gerne mal mit Bengalos für dichte Rauchschwaden im Stadion oder nach dem Spiel sorgen. Auf diese Weise zeigen sie ihrem Team ihre bedingungslose Leidenschaft und Unterstützung. Diese kann man in Split ohnehin nicht übersehen, wo Graffiti des Torcida-Fanklubs unzählige Stromkästen und Wände zieren (in Zagreb gibt es dasselbe Phänomen natürlich auch – hier »regieren« die Bad Blue Boys).

Richtig grün sind sich die Fans beider Mannschaften allerdings nur, wenn das Nationalteam auf dem Rasen steht. Dann kennen die Kroaten – auch jene, die sich sonst nicht für Fußball interessieren – kein Halten mehr: Sie streifen sich ihre rot-weiß karierten Fan-T-Shirts über und schreien, toben und hüpfen beim Public Viewing so aufgeregt, dass sie dadurch sogar schon mal die Erde zum Beben gebracht haben! Das Minierdbeben in Kroatien ist keine Zeitungsente: Die Messung stammt von Geophysikern der Universität Zagreb, die mit ihren Messgeräten bei Public-Viewing-Spielen während der Fußballweltmeisterschaft 2018 »seismologische Bodenbewegungen« festgestellt haben. Die Wissenschaftler posteten die Aufzeichnungen mit folgender Frage bei Facebook: »Was kann das sein? Das Tor von Mandžo, also Mario Mandžukić? Richtig!«

Für alle Nicht-Kroaten: Das war natürlich kein gewöhnliches Tor, sondern *das* Tor im Halbfinalspiel gegen England. Mit diesem Treffer wurde der Einzug des kroatischen Teams ins WM-Finale besiegelt. Ab diesem Zeitpunkt gab es kein Halten mehr: Rund um den zentralen Ban Jelačić-Platz in Zagreb zitterte die Erde, auch in Dubrovnik wurde ein leichtes Erdbeben gemessen.

Mindestens ebenso ausgelassen war die Nationalelf auf dem Spielfeld in Russland: In ihrem Freudentaumel

überrannten die Fußballer den Fotografen der Presse-
agentur AFP, Yuri Cortez. Geistesgegenwärtig drückte
dieser, unter der Jubeltraube begraben, den Auslöser: Die
Bilder gingen um die ganze Welt. Das Team entschuldigte
sich im Anschluss bei dem Fotografen, und die Kroatische Zentrale für Tourismus lud Cortez mitsamt seiner
Familie zum Kroatienurlaub ein. Die wunderbaren Bilder dieser Reise teilte der Fotograf mit seinen zahlreichen
neuen kroatischen Followern auf Twitter.

Doch bereits vor diesem legendären Halbfinalspiel
gegen England herrschte in Kroatien Ausnahmezu-
stand: Das Spiel fand an einem Mittwoch um 20 Uhr
statt, also zur örtlichen Primetime. Viele Konzerte und
Theatervorstellungen wurden an diesem Tag abgesagt;
Sportstudios, Restaurants und Supermärkte schlossen
früher. Schließlich sollte kein Mitarbeiter dieses denk-
würdige Spiel verpassen. Am Tag nach diesem histori-
schen Sieg gegen England fand eine Regierungssitzung
in Zagreb statt: Alle Minister und selbst der Premier-
minister trugen rot-weiß karierte Fan-T-Shirts über ihren
Hemden.

Gut zu wissen

Die Jungs der Nationalmannschaft werden auch
kockasti (ausgesprochen: kotskasti = die Karierten)
genannt. Ein weiterer Spitzname lautet *vatreni* (die
Feurigen). Das sind sie zweifelsohne.

Im Finale verlor Kroatien schließlich gegen Frankreich.
Doch das war den Kroaten egal, sie waren überglück-

licher Vizeweltmeister. Die damalige Staatspräsidentin Kolinda Grabar Kitarović herzte die komplette Mannschaft im Anschluss an das Spiel, und hätte vermutlich auch noch die Balljungen überschwänglich umarmt, wenn es nicht in Strömen geregnet hätte. »Wie emotional darf eine Präsidentin sein?«, so die zentrale Medienfrage nach dieser Aktion.

Als das Nationalteam wieder in Zagreb eintraf, fanden sich 550.000 Menschen in der Hauptstadt ein (die offiziell 800.000 Einwohner hat), um ihre Jungs zu feiern!

Gut zu wissen

Vor dem Spiel hatten einige Mannschaftskollegen in der Umkleidekabine *Za dom spremni* angestimmt. Der Song stammt von dem kroatischen Sänger Marko Perković alias Thompson, dem eine gewisse Sympathie mit ultranationalistischem Gedankengut nachgesagt wird – und dessen Konzerte im Ausland, unter anderem in Frankfurt am Main, schon mehrfach verboten wurden. *»Za dom spremni«* heißt wörtlich »Für die Heimat bereit«, allerdings wurde diese Parole im Zweiten Weltkrieg von den Ustaša missbraucht. Neu ist diese Verbindung zwischen Thompson und der kroatischen Nationalelf nicht: Das umstrittene Lied *Lijepa li si* (Schön bist du) gilt als inoffizielle Fußballhymne, die bei den Fans überaus populär ist. In dem patriotisch gesinnten Lied wird Herceg-Bosna zu Kroatien gerechnet. Das mehrheitlich von Kroaten besiedelte Gebiet gehört jedoch zum Nachbarland Bosnien und Herzegowina. Der deutsche Fußballnationalspieler Manuel Neuer sorgte im Sommer 2020 für einen Skandal, als er im Kroatienurlaub das Lied mit anstimmte.

Die Kroaten können nicht nur Fußball spielen. Bei der Handball-Europameisterschaft Anfang 2020 unterlagen die kroatischen Jungs lediglich dem Team aus Spanien und wurden damit Vize-Europameister. Diesen zweiten Platz feierten die Kroaten mindestens genauso begeistert wie einen Sieg. Böse Zungen mögen nun behaupten, dass Kroatien zum »ewigen Zweiten« verdammt sei – für die sportbegeisterten Kroaten sind ihre Spieler jedoch die wahren Sieger!

Harte Fakten

Es war ein echtes Unglücksjahr für Kroatien: Im März 2020, mitten im Corona-Lockdown, zitterte die Erde mit einer Stärke von 5,4 auf der Richterskala. Das Epizentrum des Bebens lag nördlich der Hauptstadt Zagreb, wodurch Hunderte von Gebäuden in der Innenstadt, einschließlich der Kathedrale, schwer in Mitleidenschaft gezogen wurden. Eine Jugendliche starb, mehrere Menschen wurden verletzt.

Kurz vor Jahreswechsel bebte die Erde erneut: Ein Erdbeben mit der Stärke 6,4 machte 35.000 Gebäude unbewohnbar. Das Epizentrum lag etwa 45 Kilometer südöstlich von Zagreb, die Kleinstädte Petrinja und Sisak waren am stärksten betroffen. Mehrere Tote und Dutzende Schwerverletze waren die traurige Bilanz. Nur eine Woche später, Anfang Januar 2021, kam es erneut zu einem Beben der Stärke 5 – ebenfalls bei Petrinja. Die Sanierungen dauern überall noch an.

Die Mittelmeer- und Balkanregion ist stark erdbebengefährdet, da hier die afrikanische und die eurasische Erdplatte aufeinander treffen.

DIE KROATEN HABEN SICH VERZÄHLT

K roatien gilt als »das Land der 1.000 Inseln«: Jahr-zehntelang war man stolz auf die Zahl 1.185 – so viele Inseln, Eilande und Riffe gab es in der kroatischen Adria. Als man 2003 jedoch mit modernen Methoden noch einmal nachzählte, waren es plötzlich 1.246 Inseln! Die neue Zahl wurde munter verbreitet und man hatte sich fast damit abgefunden und diese verinnerlicht, als plötzlich zwei Inseln spurlos verschwanden (zumindest auf dem Papier). Kroatien warb schließlich mit 1.244 Inseln, der bis heute offiziellen Anzahl, und das Thema geriet in Vergessenheit.

Was für ein Zahlensalat! Es scheint, als könnten die Kroaten nicht wirklich zählen oder als sei etwas mit den Inseln passiert: Waren sie untergegangen? Oder vom benachbarten Ausland okkupiert worden? Hatte man sie gar freiwillig an Slowenien abgetreten? Nein, die Sache ist eigentlich ganz banal: Das Kroatische Hydrografische Institut ging nach der Neuzählung von 1.246 Inseln aus, die man an das für Tourismus zuständige Ministerium weitergab. Irgendwo auf dem Kommunikationsweg sollen dabei zwei Inseln hängen geblieben sein, heißt es.

Die kroatische Tageszeitung *Jutarnji list* hakte nach: »Liebe Leute, warum zählt ihr denn nicht einfach noch einmal richtig nach?« Doch dafür hatte das Institut weder genügend Geld noch Mitarbeiter. Die Inselanzahl sei aufgrund neuerer Luftaufnahmen bestimmt worden, was nicht unbedingt ganz einfach sei, teilte das Institut vor gut einem Jahrzehnt mit und beließ es dabei.

Doch da war das Zahlenchaos schon entbrannt: Auf der kroatischen Wikipedia-Seite waren zeitweise 1.246 Inseln angegeben, in einigen deutschsprachigen Reiseführern hält sich die Zahl 1.185 bis heute. Doch nicht nur dort, auch ganz offiziell scheint man in Kroatien verunsichert. Ein von der Regierung in Auftrag gegebener Videoclip sorgte 2017 für Spott, also 14 Jahre, nachdem die alte Zahl der Inseln korrigiert worden war: Kroatien hatte sich mit dem Kurzfilm als künftiger Sitz der EU-Arzneimittelagentur beworben, die infolge des Brexits einen neuen Standort suchte. Und nun raten Sie mal, welche Zahl vor schönster Strandkulisse darin auftaucht? Richtig, Kroatien hat in dem Videofilm nur 1.185 Inseln.

Wenige Monate später, ebenfalls 2017, legte das Außenministerium dann einen offiziellen Bericht mit

1.242 Inseln vor – wieder eine ganz andere Angabe. In dem Dokument ging es um Konsultationen zum Schutz der staatlichen Interessen in der Adria. Hierbei war eine Zahl verwendet worden, die ein kroatischer Geograf bereits 1987 ermittelt hatte. Die Tageszeitung *Slobodna Dalmacija* hakte nach, das Kroatische Hydrografische Institut gab Entwarnung: Der Grund für diese Unstimmigkeiten liege in der »Methode des Zählens«, die vom jeweiligen Verfasser abhänge. Daher könne man auch nicht pauschal sagen, welche Zahl richtig und welche falsch sei und ob es nun 1.242, 1.244 oder 1.246 Inseln gebe. Fazit: Dann schreiben wir hier in diesem Buch lieber, dass Kroatien »das Land der über 1.000 Inseln« ist – und liegen damit zumindest nicht falsch, oder?

Gut zu wissen

Ein Stück Land im Meer mit mindestens einem Quadratkilometer Größe heißt Insel. Was kleiner ist, wird Eiland genannt, muss jedoch mindestens 0,1 Quadratkilometer groß sein. Flächenmäßig darunter liegt ein Riff oder eine Felsklippe, also alles unter 0,1 Quadratkilometer. Offiziell hat Kroatien nun also 78 Inseln, 524 Eilande sowie 642 Riffe und Felsklippen. Nur rund 50 Inseln sind jedoch bewohnt.

Übrigens

Kroatien ist das perfekte Ziel für einen Romantikurlaub: Es soll sogar insgesamt sechs herzförmige Inseln geben! Am bekanntesten ist das private Inselchen Galešnjak, dessen Form erst dank Google Earth festgestellt und berühmt wurde. Der Eigentümer erhält seither immer wieder Anfragen von verliebten Paaren, die seine Insel gerne einmal besuchen würden.

IN KROATIEN GIBT ES KEINE MEISTER

B enötigen Sie einen Handwerksmeister in Kroatien, der das Parkett verlegt oder die Gasleitung instand setzt? Dann werden Sie am schnellsten in Irland fündig, lautet eine aktuelle kroatische Anekdote. Der Hintergrund: Viele Handwerker und Fachkräfte haben sich seit dem EU-Beitritt Kroatiens ins Ausland aufgemacht. Lieblingsländer sind Deutschland und Irland.

Viele kleinere Handwerksbetriebe in Kroatien können seit geraumer Zeit keine großen Aufträge mehr annehmen, da sie niemanden haben, der die Arbeit erledigt. Das Personal ist weg. Wer geblieben ist, hat viel zu tun. Klimaanlagenmonteure haben im Sommer zwar Urlaubssperre, dennoch müssen die Kunden oft wochenlang auf einen Termin warten. In anderen Branchen sieht es kaum besser aus: Waren vor wenigen Jahren noch 200 Gasinstallateurbetriebe in Zagreb registriert, ist heute davon gerade noch ein Fünftel übrig. Ein kroatischer Bauunternehmer sagte im Fernsehen, er zahle seinen Arbeitern bis zu 20.000 Kuna (rund 2.666 Euro) monatlich für die Arbeit am Meer, nur, damit sie blieben. Denn zu tun gibt es an der Adria genug: Die Urlauberzahlen sind gestiegen, neue Hotels und Apartmenthäuser werden überall gebaut. Der Aufschwung ist spürbar, die Löhne werden in einigen Branchen nach oben korrigiert – und doch ist es dafür in vielen Fällen zu spät, da das Personal bereits weg ist. Daran hat auch die Corona-Pandemie nicht viel geändert.

Viele Stellen werden traditionell mit Arbeitskräften aus anderen postjugoslawischen Republiken besetzt, etwa aus Bosnien und Herzegowina oder Nordmazedonien. Vor allem in der Baubranche, aber auch im Handwerk ist diese Unterstützung herzlich willkommen: Sprachbarrieren gibt es keine, dafür jedoch Arbeitsbeschränkungen und Auflagen, die seit dem EU-Beitritt Kroatiens noch strikter geworden sind, da die südöstlichen Nachbarn (noch) nicht zur Europäischen Staatengemeinschaft gehören. Längst schon zieht es die Krankenschwestern, Saisonarbeiter, Erntehelfer, Handwerker und Ingenieure auch in andere Länder, in denen die Löhne höher sind. Wiederholt wurde daher über Arbeitskräfte von den Philippinen und aus Bangladesch nachgedacht, die künftig im Gast- und Baugewerbe, im

Tourismus, aber auch in der Landwirtschaft aushelfen sollen – zu Minimallöhnen.

Der Verdienst in den gefragten Arbeitsbranchen ist ebenfalls überschaubar: Zimmermädchen kommen in Kroatien auf 500 Euro pro Monat, Köche je nach Restaurant auf 600 bis 800 Euro. Diese Löhne sind, trotz Trinkgeld, nicht wirklich attraktiv. Überhaupt sei die Bezahlung im Tourismussektor nicht zeitgemäß, wie Gewerkschaften kritisieren. Das führe dazu, dass immer weniger junge Leute Tourismusfachschulen besuchen. Hinzu kommt, dass die Saison in Kroatien kurz ist: Viele Saisonkräfte arbeiten (bei größeren Touristikbetrieben) höchstens neun Monate im Jahr, in kleineren Restaurants auch deutlich kürzer. Im Winter muss ein neuer Job her, etwa in den österreichischen Skiorten. All das führt zu einem massiven Fachkräftemangel im Gastronomie- und Tourismusbereich – ausgerechnet in den beiden wichtigsten Branchen Kroatiens.

Kritisch ist die Situation außerdem in der Pflege: Viele Krankenschwestern und Ärzte haben das Land verlassen und auch das Pflegepersonal – vor allem ältere Frauen über 50, deren Kinder aus dem Haus sind – macht sich auf den Weg nach Deutschland, um dort zu arbeiten.

In Dubrovnik hat das in Verbindung mit dem steigenden Tourismus zu einer Notlage geführt: Einige Stationen im örtlichen Krankenhaus wurden bereits zusammengelegt, da nicht genügend Personal zur Verfügung stand. Im Sommer müssen dort bis zu 5.000 Touristen mitversorgt werden.

Seit dem EU-Beitritt 2013 haben mehr als 300.000 Kroaten ihr Land verlassen. Die Einwohnerzahl soll mittlerweile bereits unter vier Millionen gesunken sein. Bei der letzten Volkszählung 2011 waren noch 4,29 Millionen Einwohner registriert. Viele Auswanderer, die sich nach Deutschland, Irland oder anderswohin aufgemacht haben, melden sich in Kroatien jedoch nicht ab.

Doch ist es nur das Geld, das die Kroaten in die Ferne zieht? Nein. 70 Prozent verlassen Kroatien, da das System mit seinen Seilschaften und dem Rechtssystem nicht funktioniere. Ein Großteil der 14- bis 29-Jährigen zeigt sich von der Politik, der Polizei, aber auch von der Kirche enttäuscht, wie eine aktuelle Jugendstudie ermittelt hat. Nur knapp 30 Prozent geben Geld als maßgeblichen Motivationsfaktor an, um ihre Heimat zu verlassen.

Die kroatische Regierung versucht, dieser Entwicklung entgegenzuwirken. Landwirten, die aus dem Ausland zurückkehren, wird eine Prämie zugesichert, um einen eigenen Betrieb zu gründen. Vor einigen Jahren wurden zurückkehrenden Wissenschaftlern zudem Wohnungen angeboten, doch der Anreiz war offenbar nicht groß genug.

Fakt ist: Kroatien leidet nicht nur wirtschaftlich unter dem »Braindrain«, der Abwanderung gut ausgebildeter Akademiker und Fachkräfte. Zogen früher Gastarbeiter allein in die Ferne, planen viele junge

Menschen heute den Fortzug mit der ganzen Familie. Manche entscheiden sich bewusst dafür, erst im Ausland eine Familie zu gründen – eine demografische Katastrophe, auf die Kroatien in den kommenden Jahren zusteuern wird.

Übrigens

Kroatien ist ein klassisches Auswanderungsland: Mehr als drei Millionen Kroaten zählt die Diaspora, viele leben seit osmanischer Zeit in Bosnien und Herzegowina. Seit dem 19. Jahrhundert ziehen die Kroaten aus wirtschaftlichen, aber auch aus politischen Gründen nach Nord- und Südamerika, Ozeanien und in den deutschsprachigen Raum. Die Diaspora hat ein Wahlrecht und darf den Staatspräsidenten direkt wählen – viele Kroaten, die bereits seit langer Zeit im Ausland leben, entscheiden sich dabei oft für einen eher konservativen Kandidaten.

KROATIEN IST SCHULD AM MORD IM ORIENT-EXPRESS

E s ist Nacht. Die Dampflokomotive rattert monoton durch die weiße Winterlandschaft, begleitet vom heulenden Wind. Mit an Bord: Eine illustre Schar an Passagieren, die sich rund um den belgischen Meisterdetektiv Hercule Poirot gruppiert. Diese Szene kommt Ihnen bekannt vor? Sie stammt aus dem weltberühmten Roman von Agatha Christie, *Mord im Orient-Express*, der bereits mehrfach verfilmt wurde. Doch was hat das mit Kroatien zu tun? Viel! Eine lange Schlüsselszene, der Mord und seine Aufklärung, spielt nämlich in Slawonien. Dort werden die Mitreisenden verhört und die Spannung steigt: Jeder könnte der Mörder sein! Doch dann tauchen plötzlich hohe, schneebedeckte Berge auf der Leinwand auf, die es in Slawonien in Wirklichkeit gar nicht gibt. Am Ende der Neuverfilmung, die 2017 in die Kinos kam, fragten sich kroatische Zuschauer: »War das jetzt ein Filmfehler oder ein Kunstgriff?«

Gut zu wissen

Mord im Orient-Express wurde 1974, 2011 und 2017 verfilmt. Die jüngste Version von Regisseur Kenneth Branagh (der auch Hercule Poirot spielt) präsentiert Johnny Depp als Bösewicht, Penélope Cruz als Missionarin, Judi Dench (»M« in *James-Bond*-Filmen) als russische Gräfin und Michelle Pfeiffer als männerhungrige Diva. Dem Film geht eine Art Prolog voran – eine Szene an der Klagemauer in Jerusalem –, der im Roman nicht vorkommt. Von dort aus setzt Hercule Poirot 1934 ins geschäftige Istanbul über, von wo ihn der Simplon-Orient-Express nach Westeuropa bringen soll. Der luxuriöse Zug mit reichlich nostalgischem Charme ist mit einer Holzvertäfelung und einem opulenten Speisewagen ausgestattet.

Die Dampflokomotive stoppt in der Neuverfilmung bei Dunkelheit an einem Bahnhofshäuschen: »Vinkovci« steht im rechten Bildrand auf einem nostalgischen Schild geschrieben. Dann rauscht der Orient-Express weiter durch die Nacht. Die Kamera schwenkt auf die hohen, schneebedeckten Gipfel – und plötzlich stürzen riesige Schneemassen den steilen Hang hinab (im Roman waren es nur Schneeverwehungen, im Film hingegen eine Lawine). Die Lokomotive springt aus den Bahngleisen und wird verschüttet, die drei Passagierwaggons bleiben auf den Schienen. Die Filmlandschaft mit Stahlviadukt und einem Tunnel, der in Fels geschlagen wurde, wirkt ziemlich dramatisch. »Mitten im jugoslawischen Nirgendwo«, so bezeichnete die *Frankfurter Allgemeine Zeitung* diese Landschaft in ihrer Filmkritik.

Spätestens jetzt fragt sich der Zuschauer: Hoppla, wo gibt es da in der Umgebung eigentlich so hohe Berge? Schneegipfel wie in den Alpen? Als Poirot fragt, wo der Zug gerade hält, antwortet ihm der Zugbegleiter: »Zwischen Vinkovci und Slavonski Brod.« Die ungefähr 70 Kilometer lange Eisenbahnstrecke ist in der Realität jedoch vollkommen eben. Das listet auch die weltweite Filmdatenbank Internet Movie Database unter ihre 24 gefundenen Filmfehler: »Nirgendwo in der Nähe gibt es eine alpine Gebirgslandschaft, wie sie im Film dargestellt wird.« Wenn man eine unendlich weitläufige Ebene in Kroatien sucht, dann findet man diese am ehesten in Slawonien – also genau dort, wo im Film die höchsten Gipfel zu sehen sind. Die kroatische Boulevardzeitung *24 sata* betitelte ihre Filmkritik mit der Überschrift »Vinkovci wurde in die Alpen ausgelagert«.

Wie dem auch sei – es gibt durchaus ein paar andere nette (und realistische!) Szenen für Kroatienfans. Die hinreißende Michelle Pfeiffer, die in dem Film verzweifelt auf Männersuche ist, erwähnt gegenüber Hercule Poirot den Bahnhof von »Winkowtschi«. Sie spricht den Ortsnamen von Vinkovci dabei sehr charmant aus, mit einem »tsch« statt einem »ts« (korrekt ausgesprochen: Winkoftsi). Zum Freischaufeln der entgleisten Lokomotive naht ein Trupp jugoslawischer Arbeiter in für die 1930er-Jahre klassisch geschnittenen Wintermänteln.

Sie folgen der Aufforderung »*Hajde!*«, was so viel wie »Los geht`s!« bedeutet. Ganz zum Schluss ist zudem das Bahnhofsschild mit der Aufschrift »Brod« an einem winzigen Bahnhofsgebäude mitten im Nichts zu sehen.

Übrigens

Wo genau ist der Mord passiert? Möglicherweise in der Nähe des 2.500-Einwohner-Dorfes Striživojna. Nachdem man die Beschreibung des Waldes im Roman detailliert gelesen habe, sei man zu dem Schluss gekommen, dass es sich nur um den Wald von Striživojna handeln könne, so der örtliche Bürgermeister. Kroatische Zeitungen berichten, dass nun ein stilechtes Bahnhofscafé mit altem Orient-Express-Waggon als Touristenmagnet gebaut sowie eine thematische Route im Wald angelegt werden sollen.

DIE KROATEN HABEN MERKWÜRDIGE DENKMÄLER

Als die Dorfbewohner von Beletinec in der Nähe von Varaždin eines schönen Tages im Jahr 2015 Bäume fällten, machten sie eine ungewöhnliche Entdeckung: Sie fanden einen besonders formschönen Eichenstamm im Wald, der sie an einen Phallus erinnerte. Die Männer erlaubten sich einen Scherz, schleppten den Baumstamm ins Dorf und sagten sich: »Der muss nur noch ein wenig ausgebessert werden, und schon haben wir eine echte Rakete!« So zitierte die Boulevardzeitung *24 sata* zumindest einen von ihnen.

Gesagt, getan. Es wurde ein Bildhauer beauftragt, der so lange sägte, hobelte und feilte, bis das Werk vollendet war: Ein hölzerner Riesenpenis von zwei Metern Länge, der 200 Kilogramm wog. Nun ist es im katholischen Kroatien so eine Sache mit allzu viel sexueller Freizügigkeit. Es hat sich vermutlich nicht jeder über den Anblick eines Riesenphallus mitten im Dorf gefreut. Dessen waren sich auch die Männer bewusst, und so bedeckten sie den hölzernen Penis immer ganz keusch, wenn der örtliche Priester seine Runde drehte und Hausbesuche machte.

Doch wie es auf dem Land so ist, bleibt nichts lange verborgen, und so gab der Geistliche eines Tages ganz unverblümt zu erkennen, dass er durchaus im Bilde war. Er sprach die Männer ganz direkt an: »Wenn es keinen Penis gäbe, gäbe es auch euch nicht.« Und so hörten die Dorfbewohner auf, den Phallus zu bedecken. Noch verirren sich nur vereinzelt Touristen für ein Selfie in das Dörfchen. Vielleicht kurbelt dieses Kapitel den Tourismus dort ja ein wenig an …

Überhaupt haben die Kroaten eine Schwäche für ungewöhnliche Denkmäler. Vor einigen Jahren zierte für kurze Zeit ein überdimensionaler 100-Mark-Schein den Fahrbahnrand in Cista Provo bei Imotski nahe der Küste. Der Megageldschein war eine Hommage an die *dojčmark*, mit der viele Gastarbeiter ihr Häuschen in der Heimat hatten bauen können. Warum ausgerechnet in dieser Stadt? Gerade aus dem dalmatinischen Hinterland und konkret aus Imotski waren sehr viele Gastarbeiter fortgezogen (und mit einem Mercedes zurückgekehrt, siehe Kapitel 2, S. 13). Der 100-Mark-Schein war das Statussymbol schlechthin, für das man hart arbeitete.

Auch ausländische Gäste bekommen übrigens Denkmäler in Kroatien: Eine Fotoleinwand an der Uferpromenade von Zadar erinnert an den legendären US-Regisseur Alfred Hitchcock, der hier einmal übernachtete. Er wird bis heute, so oft es geht, zitiert, da er in Zadar, wie er sagte, den »schönsten Sonnenuntergang der Welt« beobachten konnte. Auf der Insel Brač erinnern in einem kleinen Skulpturenpark Büsten an den ehemaligen Außenminister Hans-Dietrich Genscher und seinen österreichischen Amtskollegen Alois Mock, die sich 1991 für die internationale Anerkennung des jungen Kroatiens einsetzten.

Doch es gibt auch ungewöhnliche Skulpturen in Kroatien, die neueren Datums sind: Am beliebten Stadtstrand von Split, Bačvice, begrüßt eine Dame mit üppigen Rundungen, an denen Rubens seine Freude gehabt hätte, die Besucher. Dass ihr Körper nicht dem gängigen »Size Zero«-Schönheitsideal vieler (oft zu) dünner und perfekt durchtrainierter Instagram-Idole entspricht, ist Absicht: Als Inspiration für *Spomenik neisklesanom tijelu* (Denkmal für den unathletischen/nicht-durchtrainierten Körper; wörtlich wäre es ein »ungemeißelter Körper«, ein gelungenes Wortspiel im Hinblick auf den Stein, aus dem das Denkmal »gemeißelt« wurde) wurden ganz bewusst Frauen gesucht, die mehr weiche Körpermasse als stählerne Muskeln aufweisen können. Die Gewinnerin hatte ein Strandfoto von sich im Bikini eingeschickt und war als Modell für das Denkmal mit den üppigen Rundungen ausgewählt worden. Die Frau wurde sogar im echten Leben erkannt und auf der Straße angesprochen, berichtete die Zeitung *24 sata* online. Der Skulpturenwettbewerb war von einem Limonadenhersteller initiiert worden.

Dass man die abgebildete Person in einer Skulptur sofort erkennt, ist nicht immer selbstverständlich. Das ist ab und zu bei Franjo Tuđman, dem ersten Präsidenten des unabhängigen Kroatien, der Fall. Dessen Sohn beklagte sich gegenüber kroatischen Medien, dass er sich »weniger künstlerische Freiheit« im Hinblick auf die Statuen wüsche, da leider nicht alle seinem verstorbenen Vater ausreichend ähneln würden.

An den jüngsten Krieg erinnert unter anderem der zerschossene Wasserturm von Vukovar, der als Mahnmal die Stadt überragt und nicht abgetragen wurde. Ein kirschroter Fiat 650, das jugoslawische »Volksauto«, wurde zudem in Osijek mit den Vorderrädern auf einem Panzer platziert: Das Denkmal »Der Fiat überrollt den Panzer« (*Fićo gazi tenka*) erinnert symbolisch an den Krieg zwischen Serben und Kroaten.

Gut zu wissen

Nicht nur die Kroaten haben ungewöhnliche Denkmäler, auch in den Nachbarländern gibt es einiges zu entdecken: In einem 400-Seelen-Dorf in Nordserbien thront eine Statue von Bob Marley, da dort in der Vergangenheit ein Musikfestival stattgefunden hat. Im serbischen Žitište wurde Rocky Balboa verewigt, und im herzegowinischen Mostar gab es ein Bruce-Lee-Denkmal, das mehrfach zerstört und schließlich entfernt wurde. Im Kosovo findet sich ein Denkmal für den ehemaligen US-Präsidenten Bill

Clinton, der ein Buch mit dem Datum »24.3.1999« in der Hand hält und damit an den Tag erinnert, an dem die NATO Serbien bombardierte. In der montenegrinischen Hauptstadt Podgorica gibt es eine Statue des Liedermachers Wladimir Wyssozkij, die sogar ein russisches Staatsgeschenk war – was umso verwunderlicher ist, da seine kritischen Lieder in der Sowjetunion ein heikles Thema waren. Ein jüngeres Denkmal für Melania Trump fand sich unweit der kroatischen Grenze, im slowenischen Sevnica: Dort wurde die Ex-First-Lady of the United States als Melanija Knavs geboren. Die Skulptur mit hellblauem Kleid (das sie beim Amtsantritt ihres Mannes trug, erinnern Sie sich?) wurde mit einer Kettensäge aus Holz geformt – allerdings nach einem Jahr mutwillig zerstört und verbrannt. Ihrem Mann in Statuenform, ebenfalls in Slowenien, ging es nicht anders. Psychologen begründen Denkmäler von Bruce Lee und Co. damit, dass viele Menschen in Ex-Jugoslawien und dem Westbalkan lieber Idole mögen, die nichts mit der Region zu tun haben – sondern gewissermaßen »von außerhalb« kommen.

Zwei Namen kroatischer Bildhauer, die sie sich merken sollten: Ivan Meštrović (Galerien in Zagreb und Split, viele Denkmäler landesweit) und Dušan Džamonija (Skulpturenpark in Istrien).

DIE KROATEN LEBEN AUF DER ÜBERHOLSPUR

D ie Kroaten lieben ihre Autos. Und was man liebt, nutzt man bekanntlich auch – und sei es nur, um damit ins nahe gelegene Café um die Ecke zu fahren. Überhaupt ist Kroatien das Land der Autofahrer: Die Autobahnen sind hochmodern, da gibt es nichts zu meckern. Wesentlich schöner ist allerdings die Adria-Magistrale, die sich an der Küste entlang schlängelt: Auf der Landseite wird sie abschnittsweise durch Metallnetze vor herabfallenden Felsbrocken gesichert, auf der Meerseite verläuft sie zum Teil direkt am Wasser entlang. Für viele gilt die Trasse daher als eine der schönsten Küstenstraßen der Welt. Im Sommer ist man auf der *Jadranska magistrala* jedoch nie allein unterwegs. Die dichte

Stoßstangenkolonne hindert allzu ungeduldige kroatische Autofahrer daran, Gas zu geben. Das könnte man zumindest annehmen. Ausscheren vor einer Steilkurve, mit maximalem Bleifuß knapp überholen und abrupt wieder vor dem Vordermann einscheren? Das gehört zu den Lieblingsbeschäftigungen vieler Kroaten. Manchmal wird empört und unter lautem Gehupe überholt, insbesondere, wenn ein Auto mit ausländischem Kennzeichen das Tempolimit einhält. Dass es (fast) immer gut geht, dafür sorgt der Rosenkranz am Innenspiegel, der die Insassen schützen soll. Das sehen viele Fahrer als Freibrief für unverantwortliche Aktionen hinterm Steuer.

Eine weitere Sache trübt das Fahrvergnügen (aus kroatischer Sicht zumindest): Rollt man durch ein Städtchen oder Dorf, zieren schon mal ein paar weiße Balken den Asphalt. Straßenschmuck? Erster Gedanke: Da kann man anhalten. Zweiter Gedanke: Muss man aber nicht. Das ist reine Spekulation, denn die Autorin hat keine Ahnung, was wirklich in den Köpfen kroatischer Autofahrer vorgeht, wenn sich diese einem Zebrastreifen nähern. Nur so viel: Als Fußgänger sollte man sich vor allem im Süden des Landes lieber auf sein Gehör sowie auf die eigenen Sprintqualitäten verlassen, und nicht darauf, dass der Autofahrer die weißen Balken auf der Straße richtig deutet oder diese überhaupt wahrnimmt (»War da eben was?«).

Auch die Hupe kroatischer Autofahrer ist immer sofort im Einsatz, vor allem, wenn der Vordermann an der

Ampel nicht schon bei Orange losbraust, sondern eine Nanosekunde braucht, um zu reagieren. Gehupt wird auch bei Radfahrern, die es wagen, bei gutem Wetter einen Ausflug zu machen, und dadurch die Adria-Magistrale »blockieren«.

Kurzum: In Kroatien wird gerne zügig und rasant gefahren, im Süden sind manche Autofahrer noch ein wenig »sportlicher« unterwegs als im Norden. Wissenschaftliche Studien dazu sind der Autorin nicht bekannt, diese Behauptung basiert lediglich auf unzähligen, hastig überquerten Zebrastreifen.

Gut zu wissen

Es tut sich etwas! Die Strafen für Rüpel am Steuer wurden kürzlich drastisch erhöht: Wer eine rote Ampel ignoriert, kann mit bis zu 20.000 Kuna (etwa 2.700 Euro) Strafe rechnen. Wer an einem Fußgängerüberweg nicht anhält, zahlt neuerdings statt 1.000 Kuna (etwa 133 Euro) sogar bis zu 7.000 Kuna (etwa 933 Euro).

DIE KROATEN BRAUCHEN KEIN HYGGE, UM GLÜCKLICH ZU SEIN

23

Pomalo-Syndrom

Sagen wir es mal so: Wer in Dalmatien lebt und *Pomalo* nicht kennt, muss zugezogen sein. Das *Pomalo*-Syndrom wird den Bewohnern Dalmatiens nämlich schon in die Wiege gelegt. Eine prallgefüllte To-do-Liste? Deadlines? Burnout? Das sind alles Begriffe, die so gar nicht zu *Pomalo* passen. Das Zauberwort bedeutet nämlich so viel wie »immer mit der Ruhe«. Es sind also Entschleunigung, Entspannung und südliche Leichtigkeit, die das Tempo bestimmen: Immer erst *Pomalo*, und dann mal schauen, wie es weitergeht. Das fängt schon bei der Begrüßung an: Man hebt die Hand ganz langsam im Vorbeigehen und sagt »*Pomalo*«, dann läuft man ohne Hast weiter.

Ist *Pomalo* also das Erfolgsrezept für ein glückliches Leben? Zumindest teilweise. Fragen Sie doch mal einen 96-Jährigen Dalmatiner nach dem Grund für sein hohes Alter. Vielleicht wird er das gute Klima erwähnen, die Sonne, den Fallwind Bora oder den luftgetrockneten Schinken. Möglicherweise wird er Ihnen auch seine »Medizin« zeigen, etwa den selbstgebrannten Rakija oder den hausgemachten Wein, von dem er täglich ein Glas trinkt – und das schon seit sieben Jahrzehnten. Eines wird er Ihnen aber auf alle Fälle mit auf den Weg geben: »Wissen Sie, hier in Dalmatien lebt man eben *Pomalo*, das ist alles!«

»Ein Dalmatiner rennt zur Bushaltestelle ...« – keine Pointe. Der Witz ist an dieser Stelle eigentlich schon zu Ende. Warum? Ein Kroate aus Dalmatien rennt nämlich nie zum Bus! Er eilt nicht, hastet nicht durch den Supermarkt, schubst und drängelt nicht. Und an der Kasse hat er immer Zeit für einen Smalltalk zum Thema Bora oder Hitze. Westeuropäische Eile wird in Kroatiens Süden vom *Pomalo*-Syndrom komplett verdrängt.

Gut zu wissen

Eine niederländische Supermarktkette hat sogenannte »Plauderkassen« eingerichtet, an denen sich die Menschen nicht beeilen müssen. Dort nehmen sich die Kassierer Zeit für ein Gespräch. Das Konzept richtet sich vor allem an Menschen, die sich einsam fühlen. Nun ist die Autorin dieser Zeilen natürlich versucht, zu behaupten, dass die Niederländer das *Pomalo*-Syndrom der Kroaten wirklich wunderbar begriffen und übernommen haben. Wie schön!

So entspannt das *Pomalo*-Syndrom auch klingt, so hat es ebenfalls seine Schattenseiten. Und zwar genau dann, wenn man wirklich dringend etwas benötigt, alle anderen jedoch in aller Seelenruhe ihr inneres *Pomalo* ausleben: Es ist nämlich leider auch das Leitmotto, wenn es um die Arbeit geht. Immer eins nach dem anderen, ganz gemächlich. Zum stundenlangen Kaffeetrinken und im Urlaub mag das ja noch passen, doch das Warten auf ein Schreiben der Behörde, auf den Wasserinstallateur und das Gehalt stellt das *Pomalo*-Konzept gehörig in Frage. Denn Fakt ist: Wenn alle *Pomalo* praktizieren, dann kann man nichts machen. »Warten und Espresso trinken« wäre ein gut gemeinter Ratschlag, um in Dalmatien nicht die Nerven zu verlieren – probieren Sie es einfach!

Übrigens

Das *Pomalo*-Syndrom gibt es nicht nur in Dalmatien. Wer einmal kroatische Handwerker im Haus hatte, kennt die folgende Szene vielleicht: Hat man den *majstor* erst einmal am Telefon und ein dringendes Problem, etwa ein geplatztes Wasserrohr, heißt es nicht selten: »Ich komme morgen. Vielleicht. Mal sehen.« Und so wartet man. Und wartet. Und am dritten Tag, wenn man sich gerade auf den Weg zum zwei Minuten entfernten Bäcker gemacht hat, steht der *majstor* plötzlich vor der Tür. Wenn er freundlich ist, ruft er an und sagt, dass er jetzt da ist: »*Evo me!*« Ist er beleidigt, da ihm niemand öffnet, ist er vermutlich ohnehin schon wieder weg. Und zwar genau dann, wenn man selbst gerade vom Bäcker wiederkommt. Natürlich ohne eine Mitteilung zu hinterlassen. Ruft man erneut an, um nachzufragen, wo er denn bleibe, wird der *majstor* wiederum beleidigt sagen, dass er bereits da war. Sie seien derjenige, der sich nicht an den »Termin« gehalten habe. Gelingt es Ihnen, den Handwerker versöhnlich zu stimmen und hat man ihn erst einmal im Haus, wird aus dem *Pomalo*-Syndrom ein »*nema problema*«: Alles kein Problem, auch wenn das Stromkabel nun provisorisch quer durch den Flur verläuft und das Abzugsrohr sonst wohin geleitet wird (»Das passt schon«) – manchmal ist das ganz große Improvisationskunst. Wird der *majstor* nicht fertig und hat am folgenden Tag einen »dringenden Fall« woanders, dann kommt er vielleicht erst am übernächsten Tag wieder. Oder am Tag danach. So ziehen manchmal die Wochen ins Land, und Ihren Sommerurlaub können Sie bis auf Weiteres vergessen, da Sie ja geduldig auf den Handwerker warten müssen. Aber: Dieses Phänomen gibt es auch anderswo in Europa, also lieber selbst *Pomalo* praktizieren und gelassen bleiben.

DIE KROATEN PARKEN IHR AUTO DAUERHAFT IM WALD

Romeo Ibrišević hatte eines Tages genug: Auf seinen Streifzügen durch die Natur stieß der Fotograf aus Zagreb immer wieder auf alte Rostlauben. Ausgeschlachtete, nackte Fahrgestelle, die einfach so am Wegrand standen oder irgendwo im Wald »vergessen« worden waren. Sogar am Strand und in Nationalparks waren sie zu finden – kaum ein Ort, an dem nicht jemand ein altes Auto abgestellt hatte. Mit vielen Freiwilligen gründete Roman Ibrišević, der früher für eine Autozeitschrift fotografiert hatte, die Umweltorganisation Zelene stope (Grüne Fußabdrücke, Facebook: @ZeleneStope). Ihr Ziel: Kroatien von Autowracks zu befreien, die die Landschaft verschandeln. Zu tun gibt es genug. In den vergangenen 15 Jahren hat er mit seinem Team mehr als 16.000 Autos (kein Tippfehler, in den ersten beiden Jahren waren es bereits über 2.000!) sowie Dutzende »vergessener« Omnibusse aufgestöbert und entsorgt. Manche Kandidaten müssen mit dem Hubschrauber aus einem Felsspalt im Nationalpark geborgen werden, andere werden von Tauchern auf dem Meeresgrund gefunden. Allein auf der Insel Vis hat der Umweltschützer in den ersten beiden Jahren seiner Aktivität mehr als 300 Autos entfernen lassen. Nur ein Anwohner hat sich hartnäckig geweigert, seinen 50 Jahre alten Traktor herzugeben. »Wo soll ich denn dann künftig meinen Esel anbinden?«, soll er gefragt haben. Der Inselbewohner führte sein Tier zum Weiden und machte es dort an dem Traktor fest. Ein anderer alter Traktor lag in 50 Metern Tiefe auf dem Meeresgrund, da konnte das Team selbst mit der besten Ausrüstung nichts machen. Bei einem Autowrack vor der Küstenstadt Zadar war man da schon erfolgreicher. Taucher halfen, das alte Gefährt auf einem Luftkissen zu platzieren, und so konnte es nach gut 20 Jahren geborgen werden. Im Velebit-Gebirge, beim Zrmanja-Canyon (wo *Winnetou* gedreht wurde), steckte ein Auto in einer 100 Meter tiefen Schlucht. Abhilfe schaffte in diesem Fall ein Militärhelikopter – doch dafür dauerte der Papierkram, bis man den Hubschrauber organisiert hatte, fast ein ganzes Jahr.

Auf den kroatischen Inseln herrscht eine besondere Situation: Wer sein fahruntüchtiges Auto abmelden will, muss zur Zulassungsbehörde aufs Festland fahren. Das macht längst nicht jeder, denn es kostet schließlich Zeit und Geld. Also stellt so mancher findige Kroate sein Fahrzeug einfach mitten in der Natur ab. Da Inseln jedoch überschaubar sind und oft nur ein paar Dutzend Einwohner haben, weiß natürlich jeder, wem die Rostlaube gehört – schließlich ist das Auto jahrelang auf der Insel herumgefahren. Selbst der örtliche Dorfpolizist weiß das, doch wird er seinen Nachbarn anschwärzen? Vermutlich eher nicht.

Eigentlich müssten die Städte und Gemeinden alle Autos regelkonform entsorgen, doch damit sind sie – nicht nur finanziell, sondern auch logistisch – schlichtweg überfordert. Unterstützung für das Entfernen der »ausgesetzten« Fahrzeuge bekommt die Umweltorganisation Zelene stope von Autoherstellern und einer Metalldeponie in Zagreb. Wie lange die Aktion noch dauern soll? Bis Kroatien komplett von Autowracks befreit ist, sagen die Umweltschützer um Roman Ibrišević.

DIE KROATEN SIND ECHTE SPRACHTALENTE

Sprachförderung? Fremdsprachenerwerb? Das brauchen die Kroaten nicht! Jeder Kroate versteht nämlich schon von Kindesbeinen an mindestens vier Sprachen: Kroatisch, Serbisch, Bosnisch und Montenegrinisch – und das ganz ohne Wörterbuch. Worin liegt das Geheimnis ihres Sprachtalents? In der gemeinsamen Vergangenheit: Die vier Sprachen waren früher unter dem Dach des »Serbokroatischen« vereint, das in Kroatien auch als »Kroatoserbisch« bezeichnet wurde. Das war sozusagen die »Lingua franca« in Jugoslawien, die alle Völker lernen mussten und die auf amtlichen Dokumenten auftauchte – sowohl in kyrillischer als auch in lateinischer Schrift. Mit dem Zerfall

Jugoslawiens bekam schließlich jeder eigene Staat seine Standardsprache und in kroatischen Schulen wurde nur noch die lateinische Schrift gelehrt.

»Serbokroatisch« war eine südslawische Sprache, genau wie Slowenisch und Mazedonisch, die in den jeweiligen Teilrepubliken (Slowenien und Mazedonien, seit 2019 Nordmazedonien) als gleichberechtigte Amtssprachen galten. Die »jugoslawische Sprache« gab es übrigens nie, auch wenn dieser Begriff gerne in der Alltagssprache herumgeistert. Eine nervige Frage, die der Autorin des Öfteren gestellt wird: »Ach, Sie sprechen wohl Jugoslawisch?« Antwort: »Nööö!«

Die Praxis des »Serbokroatischen« sah folgendermaßen aus: Kroatische Wörter wie *tisuća* (1.000) oder *povijest* (Geschichte) verschwanden allmählich aus dem offiziellen Sprachgebrauch und wurden durch die »serbische Variante« *(hiljada, historija)* ersetzt.

Als sich Kroatien vom Vielvölkerstaat Jugoslawien abnabelte, gab es für Sprachwissenschaftler viel zu tun: So erschien bereits 1990, im Jahr der ersten freien Mehrparteienwahlen, die »Grammatik der kroatischen Schriftsprache«. Das Kroatische sollte sich dabei – politisch gewollt – um jeden Preis vom Serbischen unterscheiden und abgrenzen. Das geschah teils durch die Wiedereinführung fast vergessener Wörter, die man aus der Mottenkiste der Vergangenheit hervorkramte, aber auch durch mitunter groteske neue Wortschöpfungen. Aus dem internationalen Begriff *helikopter* wurde kurzerhand ein *zrakomlat*, wörtlich: eine »Maschine, die die Luft schlägt«. Aus dem *klavir* wurde ein *glasovir*, eine »Tonquelle«. Glücklicherweise konnten sich nicht alle Neuschöpfungen, die mit einem enormen Sprachpurismus einhergingen, im alltäglichen Sprachgebrauch durchsetzen. Dafür kam es vor allem in den 1990er-Jahren zu vielen unnötigen Übersetzungen. Selbst Filme oder O-Töne serbischer Sprecher wurden ins Kroatische übertragen. Das ist so, als würde man einem Münchner *Tatort*, den man auch in Berlin oder Wien problemlos versteht, hochdeutsche Untertitel verpassen.

Doch wie eng verwandt sind Bosnisch, Kroatisch, Montenegrinisch und Serbisch wirklich miteinander? Geschätzt sind über 90 Prozent des Wortschatzes identisch, manchmal werden Sätze anders formuliert, etwa mit dem Infinitiv. In Kroatien würde man zum Beispiel sagen: »*Htio sam ti pisati*« und im Serbischen »*Htio sam da ti pišem*«. Damit wird auf Deutsch ein und derselbe Sachverhalt ausgedrückt: »Ich wollte dir schreiben«, wobei der Infinitiv *pisati* (schreiben) im Serbischen mit einer »da«-Konstruktion und gebeugt verwendet wird, während die Koraten hier immer den Infinitiv bevorzugen.

Kroatische Hardliner-Sprachwissenschaftler vertraten lange die Meinung, dass Kroatisch und Serbisch zwei voneinander getrennte Standardsprachen seien. Die gemäßigte Version, die man im jungen Kroatien nicht so gerne hörte, lautete, dass es sich um eine einzelne Standardsprache mit zwei Varietäten handle, etwa vergleichbar mit dem Deutschen in Deutschland und Österreich. Allerdings darf dabei nicht vergessen werden, dass Sprache im ehemaligen Jugoslawien mehr als anderswo ein identitätsstiftendes Merkmal ist.

2017 verfassten etwa 200 Sprachwissenschaftler aus Kroatien, Serbien, Bosnien und Herzegowina sowie Montenegro eine »Deklaration zur gemeinsamen Sprache« *(Deklaracija o zajedničkom jeziku)*. Das Dokument wurde im Internet veröffentlicht und mehrere Tausend Privatleute, darunter Journalisten, aber auch Rentner oder Seefahrtskapitäne, unterzeichneten es ebenfalls. In dieser Deklaration ist verankert, dass in den beteiligten Staaten eine »polyzentrische Standardsprache« verwendet wird, also eine gemeinsame Sprache, die von mehreren Nationen in verschiedenen Staaten mit »erkennbaren Varianten« gesprochen wird. Hierdurch sollten die Definition rigoroser Standardvarianten sowie das Verlangen teurer »Übersetzungen« vor Gericht unterbunden werden. In Bosnien und Herzegowina etwa muss jedes Dokument in den drei gleichberechtigten Amtssprachen verfasst werden: Bosnisch, Kroatisch und Serbisch. Die Initiatoren der Deklaration forderten daher die »Freiheit des individuellen Sprachgebrauchs«, aber auch eine »gewisse Freiheit der Vermischung dieser Sprachen«, wie es bezüglich Dialekten ohnehin kaum zu verhindern ist.

Ein Beispiel: In der kroatischen Standardsprache heißt Milch *mlijeko*, in Dalmatien *mliko* und im Zagreber Dialekt – ebenso wie in der serbischen Standardsprache – *mleko*. Je nach Verwendung von »-ije«, »-i« oder »-e« wird zwischen *Ijekavica* (Ijekawisch, Standardsprache), *Ikavica* (Ikawisch, meist in Dalmatien) und *Ekavica* (Ekawisch, im Nordwesten Kroatiens, aber auch in Serbien) unterschieden. In der slawischen Ausgangssprache, dem Altkirchenslawischen, gab es an dieser Stelle lediglich den Vokal »jat«, der sich ab Ende des 11. Jahrhunderts in jeder Mundart bzw. Sprache anders entwickelte und entsprechend zu »-ije«, »-i« oder »-e« wurde.

Hinzu kommen die drei großen kroatischen Dialektgruppen, die sich nach dem Fragepronomen »Was« richten: Das heißt in der Standardsprache *što*, in den Dialekten jedoch *ča* oder *kaj*. Entsprechend muss man die Unterteilung der kroatischen Dialekte in *Štokavski* (Stokawisch), *Čakavski* (Tschakawisch) und *Kajkavski* (Kajkawisch) berücksichtigen. Das Ganze ergibt einen hübschen Flickenteppich: So fragt man in Zagreb und im Nordwesten des Landes »*Kaj?*«, in Istrien und Dalmatien hingegen »*Ča?*«, und in Slawonien »*Što?*«. Und Sie fragen sich vielleicht nun: »Was?« Keine Sorge, alles ganz easy im Kroatischen. Die Autorin spart sich allerdings lieber das Kapitel mit vokallosen, zungenbrecherischen Wörtern wie *Krk*, um Sie nicht völlig zu verwirren ...

Praxistipp

Wie geht man mit den Sprachunterschieden praktisch um? Wenn sich Bosniaken, Kroaten, Montenegriner und Serben im Ausland treffen, einigen sie sich meist auf *Naš jezik* (unsere Sprache). Vor allem, wenn man nicht genau weiß, welche Nationalität jemand hat, ist es diplomatischer, nach *naški* zu fragen,

also der »unsrigen« Sprache: »Können wir *naški* reden?« Spitzfindige mögen nun behaupten: Wenn es
naš jezik (unsere Sprache) gibt, dann muss es auch
njihov jezik (ihre Sprache) geben. Nationalisten und
Patrioten pfeifen auf sprachliche Diplomatie. Sie
sagen: »Ich will nicht unsere Sprache, sondern Kroatisch sprechen!«

MANCHE KROATEN SIND VERKAPPTE ÖSTERREICHER

Wer in Zagreb und Umgebung lebt, dem kommt folgender Tagesablauf *ziher* (sicher) bekannt vor: Morgens zieht man den *šlafruk* (Schlafrock) aus, die *štrinfle* (Strümpfe) oder *sokne* (Socken) an und *špancirt* (spaziert) mit dem *ceker* (österr. Zekker, Basttasche) oder der *tašna* (Tasche) auf den *plac* (Platz, hier: Markt), um dort *grincajg* (Grünzeug) einzukaufen. Wieder daheim, durchs *haustor* (Hauseingang) hinauf, sorgt das *oberliht* (Oberlicht, Dachluke) im *forcimer* (Vorzimmer) für Helligkeit in der Wohnung, aber man muss dennoch aufpassen, um nicht über den *tepih* (Teppich) zu stolpern und dabei einen *kurcšlus* (Kurzschluss) auszulösen. Die Einkäufe kann man dann mit der *miščafl* (österr.

Mistschaufel, Kehrblech) wieder aufkehren, wenn sich der *karfiol* (österr. Karfiol, Blumenkohl) oder der *paradajz* (österr. Paradeiser, Tomaten) vom Markt selbstständig gemacht haben. Vielleicht gönnt man sich noch ein *gablec* (von Gabelfrühstück) mit einer *žemlja* (Semmel), ehe man sich an die Arbeit macht. Beim Kochen zieht man sich ein *fertun* (von vortun, hier: Schürze) an, um *knedle* (Knödel) oder *šnicle* (Schnitzel) *s prezlami* (von prezle, dt. Brösel) zuzubereiten und sich dabei den *šos* (Rock, von veraltet Schoßrock) nicht zu beschmutzen. Und wer *kremšnite* (Cremeschnitten) oder *kiflice* (Kipferl) im *šporet* (österr. Sparherd) backen will, braucht dazu auf jeden Fall *putar* (Butter). Wer mag, hört dabei *šlager* (Schlager). Die Art der Zubereitung, etwa *dinstati* (Dünsten) oder *faširati* (österr. Faschieren), muss aber flott gehen, damit man nicht in *cajtnot* (Zeitnot) gerät. Nebenbei läuft die *vešmašina* (Waschmaschine). Schnell noch den Tisch decken und das *escajg* (Esszeug, Besteck) neben den Tellern platzieren. Wenn es besonders schnell gehen muss, nimmt man das Auto, um die Kinder abzuholen, und hofft – falls es ein älteres Baujahr ist –, dass *cinšpula* (Zündspule), *auspuh* (Auspuff), *bremza* (Bremse) und *kiler* (Kühler) nach wie vor funktionieren. Muss man das Auto reparieren lassen, kennt sicher jemand jemanden, der das *fuš* (Schwarzarbeit) macht. Die Kinder sind müde von der Schule, wo sie den ganzen Tag *biflati* (büffeln, lernen) mussten, manche von ihnen sind echte *štreber* (Streber) und machen nie *tipfeler* (Tippfehler). Zur Begrüßung gibt es eine *pusa* (von Busserl, Kuss) für die Kinder, die ihren Schulranzen einfach in den *gepek* (Kofferraum) des Autos werfen. Abends gönnen sich die Eltern ein *deci* (Deziliter) Wein, der mit dem *štoplciger* (Korkenzieher) entkorkt wird, oder ein *gemišt* (Weinschorle) und dazu ein *deka* (Deka = 100 Gramm) Käse, um in *štimung* (Stimmung) zu kommen. Singlefrauen treffen sich abends mit einem *feš frajer* (österr. fesch, Freier im Sinne von Mann, hier: ein fescher Mann) und Männer geraten – wenn sie Pech haben – auch mal an eine *šminkerica* (von schminken = Frau, die viel auf sich hält). Alles besser als ein Date mit einem *švercer* (Schmuggler). Alles klar?

Sie haben nur Bahnhof verstanden? Damit der Text nicht ganz so kompliziert zu lesen ist, stehen die deutschen Ursprungswörter in Klammern hinter den kroatischen Bezeichnungen. Sicherlich ist Ihnen dabei aufgefallen, wie reich der kroatische Wortschatz an Entlehnungen aus dem Deutschen ist. Das gilt aber nur für den Nordwesten Kroatiens, etwa für die alteingesessene Zagreber Mittelschicht, das Zagorje, Međimurje und Slawonien mit der Stadt Osijek, in der früher eine bedeutende deutsche Minderheit lebte (Donauschwaben oder *folksdojče*, wie die Kroaten sagen). Viele Wörter sind dort heute noch Teil des Alltags, werden aber nicht überall in Kroatien verstanden.

Möglicherweise verstehen Sie einige deutsche Lehnwörter im Kroatischen überhaupt nicht? Das ist gut möglich, vor allem, wenn Sie beispielsweise in Norddeutschland zu Hause sind. Die Entlehnungen stammen nämlich aus dem sogenannten bairisch-österreichischen

Sprachraum. Es handelt sich also um eine Varietät des Süddeutschen. Ein Beispiel aus dem obigen Text: Zekker (Kärnten: Zeggar, Wien: Zöger) für eine große Korb- oder Basttasche. Die Kroaten im Nordwesten nennen sie *ceker* (ausgesprochen: Zekker).

In Istrien würde man den Tag vermutlich nach der *marenda*, dem frühen Mittagessen (oder späten Frühstück, je nachdem), mit einem *korzo* (ital. *corso*, dt. Bummel) über die *pjaca* (ital. *piazza*) beginnen. Ehe man anschließend sein *lancun* (ital. *lenzuolo*, dt. Leintuch) wäscht und die *pjat* (ital. *piastra*, dt. Teller) spült, würde man noch eine Runde mit dem *balun* (ital. *palla*, dt. Ball) spielen. Alles Lehnwörter aus dem Italienischen – hätten Sie es erkannt?

Ebenso gibt es Entlehnungen aus dem Ungarischen, etwa die beliebten *palačinke* (ungar. *palascinta*, dt. Palatschinken/Pfannkuchen), aber auch den *tumač* (ungar. *tomács*, dt. Dolmetscher – hier hat sich auch das Deutsche des Ungarischen bedient).

Aus dem Türkischen stammen unter anderem die Wörter *dučan* (türk. *dükkan*, dt. Laden), *jastuk* (türk. *yastık*, dt. Kissen) und *patlidžan* (türk. *patlıcan*, dt. Aubergine).

Die jüngere Generation in Kroatien verwendet zudem viele Anglizismen: Da fährt der Kroate mit dem *frend* (engl. *friend*, dt. Freund) übers *vikend* (engl. *weekend*, dt. Wochenende) weg, hat seine neuen *šuze* (engl. *shoes*, dt. Schuhe) im Gepäck – und findet das *filing* (engl. *feeling*, dt. Gefühl) einfach toll.

Binnenkroatien und Slawonien gehörten lange Zeit zur k.u.k.-Monarchie, während Dalmatien venezianisch geprägt war und erst 1814/15 unter die habsburgische Herrschaft kam. In Zagreb sprach der Adel im 18. und 19. Jahrhundert Deutsch, die erste deutsche Zeitung *(Agramer Deutsche Zeitung)* erschien hier im Jahr 1786 – als Zagreb noch Agram hieß, wie viele Österreicher die Stadt heute noch nennen. Auch in Esseg, heute Osijek, gab es deutsche Zeitungen und bis heute eine aktive donauschwäbische Minderheit mit landesweit bis zu 3.000 Angehörigen. Man schätzt, dass es heutzutage mindestens 2.000 deutsche Lehnwörter im Kroatischen gibt.

KROATEN LASSEN NUR UNGERN DIE HOSEN RUNTER

Eine Shorts, ein T-Shirt und ein Badetuch – mehr braucht es nicht, um auf die Insel Sveta Katarina bei Biograd na Moru überzusetzen. Sobald das Boot anlegt, gibt es kein Halten mehr. Dann werden Badetücher zu den einzigen Textilien, die man auf der Insel sieht. Die übrigen Sachen verschwinden, bis es wieder zurück aufs Festland geht. Eine Insel der Nackten! Ja, die gibt es. Kroatien ist mancherorts ein Paradies für hüllenloses Badeglück: In Istrien und der Kvarner Bucht hat FKK eine lange Tradition, im eher konservativen Dalmatien hingegen kaum. Doch eigentlich mögen die Kroaten gar nicht allzu viel nackte Haut am Strand.

Warum Sie

IMMER

wieder nach

KROATIEN

reisen sollten

1 weil Kroatien **eines der schönsten Länder der Welt** ist,

2 weil die Kroaten so **gastfreundlich und gesellig** sind,

3 weil **Kaffeetrinken** ein Lebensgefühl ist,

4 weil das **Meer** nirgendwo sonst so klar ist,

5 weil die **Form Kroatiens** an ein Vanillekipferl erinnert,

6 weil die Kroaten **Fußballgötter** sind,

7 weil *Fjaka* mindestens genauso entspannend ist wie Hygge,

8 weil in Kroatien **der Schulbus einen Anker** hat,

9 weil man mancherorts **deutsche Lehnwörter** hören kann,

10 weil in Dalmatien viele **Männer aussehen** wie Tennislegende Goran Ivanišević,

11 weil das Wasser der **Plitwitzer Seen** so unfassbar türkis glitzert,

12 weil es in Dubrovnik ein **»Liebesgeschichten-Museum«** gibt,

13 weil man in Kroatien vielerorts die **Milchstraße** bewundern kann,

14 weil dalmatinische *klapa*-**Chöre** so wunderschön a cappella singen,

15 weil man in Kroatien an **über 1.000 Inseln** vorbeischippern kann,

16 weil es **nostalgische k.u.k.-Kurorte** wie Opatija gibt,

17 weil in Kroatien **die Familie an erster Stelle** steht,

18 weil sich alle kroatischen Städte gut **zu Fuß erkunden** lassen,

19 weil **Wörter wie *Krk*** die Zungenmuskeln trainieren,

20 weil in Kroatien bergeweise **frische Feigen** verkauft werden,

21 weil sich **Slawonien** zwischen märchenhaften Kornfeldern und blauen Flüssen erstreckt,

22 weil **Winnetous Schatz** in Kroatien verborgen liegt,

23 weil Sportler hier ein **Paradies zum Tauchen, Surfen und Radfahren** finden,

24 weil sich die Kroaten **nicht unterkriegen lassen**,

25 weil es in Istrien **niedliche Städtchen auf Bergkuppen** gibt,

26 weil die **spektakulären Fels- und Kiesstrände** das Meerwasser nicht trüben,

27 weil es eine Stadt wie **Dubrovnik** nicht noch einmal gibt,

28 weil unerforschte Schiffswracks **unvergessliche Taucherlebnisse** garantieren,

29 weil die kroatischen **Weine** international noch ein echter Geheimtipp sind,

30 weil Kroatien eines der **sichersten Länder** der Welt ist,

31 weil man das **schwarze Risotto** einfach lieben muss,

32 weil Rovinj mit seinen malerischen Gassen ein **perfektes Fotomotiv** ist,

33 weil die Kroaten beim **Fluchen** alles geben,

34 weil man **mit dem Nachtzug ohne Umstieg** von München oder Wien ans Meer kommt,

35 weil Kroatien so **vielfältige Landschaften** zu bieten hat,

36 weil die Gastwirte mit **üppigen Portionen** selten geizen,

37 weil **Zagreb** als Hauptstadt überraschend viel zu bieten hat,

38 weil es so unfassbar **schöne Nationalparks** gibt,

39 weil man **am selben Tag Bergsteigen und in der Adria baden** kann,

40 weil man in Istrien die köstlichsten **Trüffelgerichte** genießen kann,

41 weil der **Sommer** hier länger dauert als anderswo,

42 weil man in Slawonien die besten **Kolo-Tänzer** findet,

43 weil *Game of Thrones* in Kroatien gedreht wurde,

44 weil die Kroaten die beste *peka* zubereiten,

45 weil die **antiken Küstenstädte** einen ganz besonderen Charme haben,

46 weil die Kroaten **stolz auf ihr Land, ihr Meer und ihre Sportler** sind,

47 weil man in Kroatien **ausgelassen feiern** kann,

48 weil die **Olivenhaine** an der Adria so wunderbar silbergrau schimmern,

49 weil die **selbst gebrannte Rakija** besser ist als jede Medizin,

50 weil man in kroatischen **Leuchttürmen** Urlaub machen kann,

51 weil Kroatien **nur einen Katzensprung** von Süddeutschland und Österreich entfernt ist,

52 weil ein **Sonnenuntergang** an der Adria unvergessliche Urlaubsmomente schafft,

53 weil man(fast) überall **Ćevapčići** bestellen kann,

54 weil die Kroaten so **charmant** sind,

55 weil in Kroatien mit *nema problema* **alles möglich** ist.

Zur Erinnerung: Kroatien ist ein katholisches, eher konservatives Land. Klar lässt man an abgelegenen Stränden schon mal die Hüllen fallen oder gönnt sich ein ausgiebiges Sonnenbad »oben ohne« – doch das tun eigentlich eher die Gäste als die Einheimischen. Etwa ein halbes Dutzend ausländischer Urlauberinnen schaffte es einmal sogar in die Tageszeitung: Die jungen Frauen hatten ihre Bikinioberteile am Strand ausgezogen, um sich zu sonnen. Vermutlich waren das dem Reporter zu viele blanke Brüste auf einmal, denn er räumte den entblößten Schönheiten fast eine halbe Zeitungsseite für seinen Artikel ein! Um den Journalistenkollegen nun nicht als Spanner darzustellen, schiebt es die Autorin einfach auf die Saure-Gurken-Saison und die damit einhergehende Flaute an berichtenswerten Ereignissen. Vermutlich hatte er einfach kein besseres Thema, über das er hätte schreiben können. Dass viele kroatische Medien Dinge generell gerne aufbauschen, ist natürlich eine ganz andere Sache ...

FKK ist in Kroatien insgesamt eher rückläufig. Gab es in den 1980er-Jahren noch 34 FFK-Campingplätze, sind es heute nach Schätzungen der kroatischen Naturistenvereinigung gerade noch neun. Die meisten Urlauber in den offiziellen FKK-Ferienanlagen stammen aus Deutschland, Österreich, Slowenien und den Niederlanden, ihr Durchschnittsalter liegt bei über 50 Jahren. Kroaten machen nur selten FKK-Urlaub, was unter anderem auch mit den Preisen zusammenhängt. Zudem beklagt die Naturistenvereinigung, dass sich viele

FKK-Strände in den vergangenen Jahren negativ entwickelt haben: Erst wurden sie zu »gemischten« Stränden, dann zu »Textilstränden«. Ausländische FKK-Urlauber seien an solchen Stränden schon von der Polizei vertrieben worden, wegen »Erregung öffentlichen Ärgernisses«.

Es ist übrigens einem Engländer zuzuschreiben, dass die Kroaten gerne nackt baden. Zumindest gilt er als der populärste Vorreiter des FKK. Als der britische Thronfolger Edward VIII. im Jahr 1936 mit seiner späteren Gemahlin Wallis Simpson vor der Insel Rab ankern wollte, bat er die dortige Regierung um eine Genehmigung zum Nacktbaden – und schrieb damit Badegeschichte in Kroatien! Das war nämlich zu jener Zeit, als nackte Haut anderswo in Europa noch strikt verboten war.

Gut zu wissen

Dabei war der britischer Thronfolger gar nicht der Erste, der auf die Idee kam, hüllenlos ins Wasser zu steigen: Bereits 1934, also zwei Jahre zuvor, wurde der erste FKK-Strand auf der Insel Rab eingeweiht. Überhaupt ist Kroatien beim textilfreien Baden Vorreiter: Die 1961 eröffnete FKK-Anlage Koversada bei Vrsar, an der Westküste Istriens, gehört zu den ersten in Europa. Auf einem schattigen Inselchen, das mit einer Brücke an das Festland angebunden ist, lässt es sich in malerischen Buchten hüllenlos Baden. Das Areal umfasst über 100 Hektar größtenteils schattigen Nadelwald, wo sich die Gäste splitterfasernackt bewegen können, auch beim Sport. Nur beim Restaurantbesuch oder im Supermarkt wird der Körper mit Kleidung bedeckt. Ganz offiziell darf seit 1953 in Kroatien nackt gebadet werden. Natürlich nicht überall, sondern nur an ausgewiesenen Stränden.

KROATIENS ZUKUNFT LIEGT IN DER MOKKATASSE

D ie Überschrift dieses Kapitels ist weder eine platte Kaffeewerbung, noch kooperiert die Autorin mit einer Bohnenrösterei. Zu Hause trinken die meisten Kroaten, auch im Zeitalter von Vollautomaten, gerne ihren Kaffee mit Bodensatz. Das hat den Vorteil, dass man nicht nur ein aromatisches Getränk konsumiert, sondern auch gleich noch mehr über seine Zukunft erfahren kann – zwei Fliegen mit einer Klappe, sozusagen. Dazu wird die ausgetrunkene Mokkatasse auf einen Unterteller gestülpt, sodass der Kaffeesatz hinauslaufen kann. Was übrig bleibt, ist eingetrockneter, fleckiger Satz, in den sich alle möglichen Formen und Figuren hineininterpretieren lassen. Eine *gatalica* (ausgesprochen: gatalitsa), eine Kaffeesatzleserin, kann das perfekt. Falls Sie mal eine kennenlernen sollten, nutzen Sie die Gelegenheit!

Eine professionelle Kaffeesatzleserin in Šibenik hat der Autorin einmal die Zukunft in einer Mokkatasse gelesen: Sie zögerte zunächst und identifizierte den braunen Kaffeesatz dann als einen hochgewachsenen Ritter, der bald auf seinem Pferd auftauchen würde. Einer Bekannten der Autorin, die mit von der Partie war, wurde ein »Mann in Weiß« versprochen. Das klang zumindest realitätsnaher als der Ritter, da die Bekannte in einer Bäckerei arbeitete. Ein Bäcker also! Sie würde ihren Chef heiraten, den Laden übernehmen und jeden Morgen wäre duftendes Weißbrot im Haus. Ihr Mann hätte einen krisensicheren Beruf (Brot geht in Kroatien immer!), und sie lebten glücklich bis an ihr Lebensende. Das klang nun wirklich vielversprechend, auch wenn man dazusagen muss, dass die Kaffeesatzleserin den Beruf ihrer Kundin kannte und vielleicht ein wenig zu viel Romantik in die Tasse hineininterpretiert hatte.

Die Autorin hatte jedenfalls bald darauf tatsächlich ein Date mit einem kroatischen Ex-Soldaten aus der Herzegowina. Der gute Mann war wirklich sehr groß, sodass er bei so ziemlich jeder Tür den Kopf einziehen musste. Statt des angekündigten Pferdes hatte er jedoch einen alten Mercedes mit Kruzifix am Innenspiegel. Nun ja, Pferdestärken zählen auch, da wollen wir mal ein Auge zudrücken. Was meinen Sie? Alles purer Zufall?

Und die Bekannte? Mit dem Bäcker (der ohnehin schon verheiratet und nicht mehr der Jüngste war) wurde es zwar nichts, dafür tauchte wenige Monate später wirklich ein wundervoller Mann in ihrem Leben auf – und dazu noch ganz in Weiß: Er war Chemielaborant! Ein Mann, der den lieben langen Arbeitstag einen weißen Kittel trug. Bald darauf läuteten die Hochzeitsglocken und die Bekannte heiratete ihren »Mann in Weiß«. Die Kaffeesatzleserin hatte also recht gehabt! Rationale Einwände lässt die Autorin an dieser Stelle nicht gelten. All das mag unwissenschaftlich, übertrieben und an den Haaren herbeigezogen klingen – oder einfach wunderbar romantisch.

Was wurde aus dem tapferen Ritter mit seinen Pferdestärken? Nun, der war nicht für die Ewigkeit bestimmt, aber das liegt vielleicht in der Natur des Kaffeesatzes. Dafür hat die Autorin seit ein paar Jahren fast täglich mit Rittern zu tun: Sie tauchen regelmäßig in den Bilderbüchern ihrer beiden Kinder auf. So viele Ritter, dass das kein Zufall mehr sein kann! Der Mann der Autorin trägt zwar keine Rüstung, dafür lässt er sich gerne mal einen Mokka mit Kaffeesatz im Kupferkännchen, der *džezva*, kochen. Nur das Zukunftslesen, das überlässt die Autorin lieber anderen, die wirklich Ahnung davon haben.

DIE KROATEN SCHLAFEN AUF ROTEN ZWIEBELN

Die Party ist vorbei, die Gäste sind längst nach Hause gegangen. Nun geht es ans Einsammeln der Flaschen, Teller und Gläser. Oh Schreck! Einige Gäste haben nicht ausgetrunken! Pech für den Gastgeber, denn die Kroaten glauben daran, dass ein Getränkerest im Glas den Hausbewohnern Streit bescheren wird. Dasselbe ist zu erwarten, wenn man sich mit jemand anderem ein Handtuch teilt. Pech hat ebenso der arme Tropf, der bei der Feier an einer Tischecke sitzen musste: Er wird nämlich, so der kroatische Aberglaube, niemals heiraten. Falls Sie diesen Gast ohnehin nie wiedersehen wollten, dann schütten Sie beim Abschied ein wenig Salz auf die Türschwelle. Ihr ungeliebter Besucher wird so vermutlich nie wieder-kommen.

Sie pfeifen auf den Aberglauben? In Kroatien lieber nicht, zumindest nicht im Haus: Wer drinnen pfeift, zieht nämlich das pure Unglück an. Dem können Sie auch durch einen Umzug nicht entkommen, es sei denn, Sie werfen ihren alten Besen fort und lassen somit alles Schlechte hinter sich. Im neuen Heim gibt es tradi-tionell Brot und Salz zur Einweihung? In Ordnung, aber bitte borgen Sie sich kein Salz, sonst könnte jemand Geld verlieren. Arm werden Sie auch, falls Sie Ihre Ta-sche auf dem Boden abstellen – also lieber nicht!

So richtig kritisch wird es, wenn ein Schwarm Krä-hen um das Haus fliegt: Dann könnte einer der Be-wohner sterben. Gruselig ist es auch, wenn ein Spiegel ohne Ihr Zutun plötzlich von der Wand fällt und dabei zerbricht – auch dann müssen Sie mit einem Todesfall rechnen (das gilt vermutlich umso mehr, wenn jemand direkt unter dem Spiegel stand). Um die bösen Geister fernzuhalten, muss man ein paar rote Zwiebeln unter das Kopfkissen schieben – dann ist man in Kroatien für alles gewappnet.

Aber

Es geht auch positiv. Machen Sie sich auf die Suche nach einem Marienkäfer im Haus, denn der ver-spricht Geld: Je mehr Punkte, desto höher der Geld-segen, heißt es. Und wenn wir gerade bei Haustieren sind: Eine Spinne im Haus bringt ebenfalls Glück. Dabei kommt es allerdings auf die richtige Uhrzeit an, denn eine Spinne am Morgen bewirkt eindeutig das Gegenteil. Ein Frosch im Haus ist, ebenso wie ein zersprungenes Glas, ein gutes Zeichen. Sie trinken lieber aus Tassen? Dann merken Sie sich Folgendes: Ein verschütteter Kaffee bringt Geldsegen. Wenn jemand zu einer Prüfung oder zu einem Vorstellungsgespräch geht, sollte man zudem ein wenig Wasser auf die Türschwelle kippen – auch das bringt Glück.

Das alles ist Ihnen zu viel? Glück oder Unglück, Fluch oder Segen, Aberglaube oder Realität? Nun, eines ist sicher: Es bringt auf jeden Fall Unglück, wenn Sie dieses Buch nun aus der Hand legen – denn dann werden Sie nie erfahren, was Ihnen in Kroatien noch so alles widerfahren kann ...

IN KROATIEN GEHT ES DER ARENA AN DEN KRAGEN

Kroatien ist die Heimat der Krawatte. Das weiß nicht jeder, daher musste man mit geschicktem Marketing ein wenig nachhelfen. Doch ganz von vorne: Kroatische Söldner, die im Dreißigjährigen Krieg in der französischen Reiterarmee kämpften, trugen eine Uniform mit roten Schleifen. Diese waren auf damals ungewöhnliche Art um den Hals gebunden. Als »Sonnenkönig« Ludwig XIV. bei einer Truppenparade die Halsbinden des kroatischen Reiterregiments sah, war er entzückt. Er wünschte sich ebenfalls ein Halstuch *à la Croate*, also »auf kroatische Art«. So war das Wort *kravata*, die Krawatte, geboren. Später soll der König sogar einen eigenen *kravatier* gehabt haben, der ihn in puncto Halsbinden beriet.

Dass die Krawatte heute zu einem Markenzeichen Kroatiens geworden ist, verdankt sie dem Geschäftsmann Marijan Bušić: Dieser startete 1990 ein Krawattenbusiness in Zagreb. Bis heute gibt es in seinen *Croata*-Läden feinste Halsbinden aus Seide zu kaufen, auch in anderen Städten und an kroatischen Flughäfen wird man fündig. Nach Kriegsende 1997 gründete Bušić gemeinsam mit Zlatko Penavić die Academia Cravatica, deren Ziel es war, das weltweite Image des damals kriegsgebeutelten Kroatiens zu verbessern – und zwar mithilfe der positiv besetzten Krawatte.

Um noch mehr Aufmerksamkeit zu bekommen, ließ man sich eine Mega-Aktion einfallen: Eine Riesenkrawatte sollte rund um das antike Amphitheater von Pula geschlungen werden. Zwei Jahre dauerten die Vorbereitungen, bis der gigantische, knallrote Schlips endlich um die Außenmauern geknüpft werden konnte. Die Krawatte war stolze 808 Meter lang, das untere Ende etwa 25 Meter breit, und am Knoten wurden immerhin 15 Meter gemessen.

Bei der Installation halfen unter anderem professionelle Bergsteiger, die zunächst ein Netz um die Arena spannten, um die Riesenkrawatte später daran befestigen zu können. Auch Helikopter waren im Einsatz, um das Schmuckstück an der Fassade festzumachen. Kinder der örtlichen Schulen durften dabei helfen, die Krawatte zu halten, während sie sorgfältig befestigt wurde. Fünf Tage dauerte die Aktion, dann war die Halsbinde endlich fixiert. Nachdem das Werk vollbracht war, erinnerte die Arena – aus der Luft betrachtet – an den Hals eines Riesen, der eine rote Krawatte trug. Die Bilder gingen dank CNN um die ganze Welt. Das Ganze passierte am 18. Oktober 2003. Dieser Tag gilt nun offiziell als »Internationaler Tag der Krawatte« und wird jedes Jahr gefeiert.

Dieses Datum sollten Sie sich unbedingt merken. Wenn Sie zu diesem Zeitpunkt sowieso gerade in Kroatien sind, wird es Ihnen ohnehin auffallen: Am *Dan kravate* wird vielen Denkmälern im ganzen Land ein Schlips umgehängt, und in der »Heimat der Krawatte« ist man mächtig stolz auf den Erfolg des landeseigenen Accessoires.

Harte Fakten

Von Frankreich aus verbreitete sich die Krawatte über Belgien und die Niederlande, bis schließlich auch die Briten die eleganten Stoffe um den Hals trugen. So eroberte der Schlips langsam, aber sicher die ganze Welt. Allerdings sah er am Anfang nicht so aus, wie wir ihn heute kennen, also farbig, gestreift oder gepunktet. Bis ins frühe 19. Jahrhundert hinein war die Krawatte meist weiß und einteilig. Damit die schicke Halsbinde ihre typische Flaschenform bekommt, die wir heute kennen, muss sie aus mehreren Stoffstücken zugeschnitten werden. Die einzelnen Teile können bis zu 145 Zentimeter lang sein. Noch eine beeindruckende Zahl: Es gibt, je nach Quelle, bis zu 180 Arten, wie man eine Krawatte binden kann. Zu den Klassikern gehören der Windsor- und der Prattknoten.

OHNE VITAMIN B GEHT IN KROATIEN GAR NICHTS

D ie Protagonisten in den Romanen des russischen Schriftstellers Fjodor Dostojewski erinnern an das moderne Kroatien: Beim Lesen weiß man irgendwann überhaupt nicht mehr, wer mit wem in welcher Beziehung steht. Da sind Politiker, Bürgermeister oder Konzernchefs munter miteinander verwandt oder verschwägert. Doch nicht nur das: Zufällig besetzen einige von ihnen auch Posten, die sie sonst vermutlich nicht innegehabt hätten. Ihren Erfolg verdanken manche einem *rođak* (ausgesprochen: rodschak, mit einem »sch« wie in Journal), also einem direkten Verwandten, oder aber einem *kum*, dem Trauzeugen oder Taufpaten (der Kinder). Vor allem bei der Jobsuche sind solche Gefälligkeiten keine Seltenheit: Jede Stelle wird zwar korrekt ausgeschrieben, doch längst schon hat es sich herumgesprochen, dass der *kum* des Personalchefs »ganz zufällig« auf die Stellenbeschreibung passt. Die Anzeige ist nur noch eine Formalie, der Job eigentlich schon lange weg.

Ein Bekannter der Autorin war lange auf Arbeitssuche in Zagreb. Gutes Studium, gepflegte Erscheinung, doch irgendwie war nie das Richtige dabei. Seine Erklärung: Er habe in Zagreb leider weder die richtigen *veze*, also Beziehungen, noch einen entsprechenden *kum*. Daher könne er die richtig guten Jobs vergessen, betonte er immer wieder.

Ist das wirklich so? Dass es Korruption in Kroatien gibt (wie überall auf der Welt), ist kein Geheimnis. In den Jahren vor dem EU-Beitritt Kroatiens kamen jedoch überproportional viele Fälle an die Öffentlichkeit – denn die übermäßige Korruption galt als Beitrittshindernis. Es wurden mehrere Minister wegen Veruntreuung und Korruption festgenommen, und beim Kroatischen Privatisierungsfonds gingen gleich acht Manager hoch: Ihnen wurde vorgeworfen, mehrere Hundert Staatsbetriebe ohne Ausschreibung veräußert zu haben. Es ging um Bestechung, Annahme von Schmiergeldern in Millionenhöhe sowie den Verrat von Dienstgeheimnissen.

Das größte internationale Aufsehen erregte vermutlich der urplötzliche Rücktritt des damaligen Ministerpräsidenten Ivo Sanader im Jahr 2009. Er hatte wohl geahnt, dass man seinem Geflecht an Seilschaften auf der

Spur war. Per internationalem Haftbefehl wurde der Ex-Premier später auf der Autobahn in Österreich gestoppt. Der Vorwurf: Erhalt hoher Provisionen von der österreichischen Hypo-Bankengruppe für Kreditgeschäfte in den 1990er-Jahren. Das Ganze soll als »Parteienfinanzierung« getarnt worden sein, heißt es. Sanader wurde in mehreren Korruptionsfällen zu mehrjährigen Haftstrafen verurteilt.

Seilschaften gibt es überall: in der Politik, im öffentlichen Sektor und in der Justiz. Richter sind oftmals mit Politikern verbandelt, hier schließt sich der Kreis wieder. Dem Europarat ist es zudem ein Dorn im Auge, dass sowohl der Präsident des Obersten Gerichtshofs als auch der Generalstaatsanwalt in Kroatien vom Parlament und der Regierung ernannt werden. Zwar wird jemand, der bestechlich ist, auch in Kroatien zur Verantwortung gezogen und verurteilt – dennoch bleiben die Zweifel an einem gerechten Strafmaß. Für die Veruntreuung von umgerechnet 4,4 Millionen Euro (Steuergelder!) bekam der Direktor einer öffentlichen Agentur zuletzt lediglich fünf Monate Haft.

Auf Drängen der EU wurden mittlerweile Präventionsorgane geschaffen und die entsprechenden Ombudsmänner gewählt; auch Ausschüsse und öffentliche Ausschreibungen werden inzwischen besser kontrolliert. Doch die Mittel dafür sind knapp. Die Korruption habe nie ausreichend im Fokus der Politik gestanden, sagen Kritiker. All das führe letztlich auch dazu, dass das Land mit solch einer hohen Abwanderungsquote zu kämpfen habe, heißt es zudem in kroatischen Medien.

Harte Fakten

95 Prozent der Kroaten sind der Ansicht, dass Korruption in ihrem Land verbreitet sei, so eine Statistik von Eurostat. Drei von vier Kroaten glauben hingegen, dass Korruption zur gesunden Geschäftskultur im Land gehöre. Die Korruption schmälert das Bruttoinlandprodukt insgesamt um circa 13,5 Prozent und wird auf 8,5 Milliarden Euro geschätzt. Damit ist die Summe 38-mal höher als die staatlichen Ausgaben zur Unterstützung von Arbeitslosen, so eine Studie der Grünen. In einer älteren Studie des Büros der Vereinten Nationen für Drogen- und Verbrechensbekämpfung (UNODC) von 2011 werden vor allem Schmiergeldzahlungen an Ärzte und Krankenschwestern genannt. Bei Wahlen haben zudem drei bis vier Prozent der Wahlberechtigten bereits Schmiergeld für ihre Stimme angeboten bekommen, und jeder siebte Befragte soll schon einmal Geld für einen Posten in der öffentlichen Verwaltung gezahlt haben.

Aber

Die Korruptionswahrnehmung bezüglich Amtsträgern und Politikern hat sich insgesamt verbessert: Laut dem Korruptionswahrnehmungsindex (CPI) rangiert Kroatien weltweit auf Platz 63 von 180 Ländern (2020). Damit liegt das Land – direkt nach Jordanien, Griechenland und Kuba – seit einigen Jahren im Mittelfeld. 1999 war Kroatien noch auf Platz 74.

Es tut sich also etwas in der Wahrnehmung der Bevölkerung. Zum Vergleich: Die Schweiz lag 2020 auf Rang 3, Deutschland auf Rang 9 und Österreich auf Rang 15. Der Index besagt jedoch lediglich, wie korrupt das jeweilige Land von seiner Bevölkerung wahrgenommen wird, und nicht, wie verbreitet Korruption tatsächlich ist. Je weiter vorne auf der Liste man steht, desto besser.

DIE KROATIEN KAUFEN PUMPS AUF PUMP

Die Kroaten arbeiten für Geld. Nun werden Sie sich sicherlich fragen: »Klar, wofür denn sonst, etwa für Kuchengutscheine? Oder für Werbeanzeigen?« Ja! Das kann Ihnen in Kroatien durchaus passieren. Da arbeitet man ganz fleißig – und wartet anschließend erst einmal für unbestimmte Zeit auf den Lohn, das Gehalt oder das Honorar. Ein freiberuflicher Journalist hatte die Warterei irgendwann satt. Er ließ sich kurzerhand ohne Kleidung und Schuhe ablichten. Sein Nacktfoto, das an einer gewissen Stelle mit einem orangefarbenen Balken »geschwärzt« war, erschien anschließend im Magazin seines unzuverlässigen Auftraggebers. Unter dem Titel »Der Journalist ist nackt« beschrieb er eine gängige

Honorarpraxis in Kroatien und betonte das endlose Warten. Er habe sich für die Kompensation entschieden, die ihm das Magazin angeboten hatte: eine Anzeige. »Sie fragen sich, warum ich nackt und barfuß bin? Diese Anzeigenseite hat mich Tausende Kuna gekostet. Wenn mir jemand diesen Betrag auf mein Girokonto eingezahlt hätte, könnte ich die teuersten Marken tragen.« Die Zeitschrift schuldete ihm das Honorar für 13 Monate Arbeit. Zuvor seien ihm ein Mietwagen, Thermenurlaube und Kuchen für insgesamt 10.000 (!) Kuna aus einer Zagreber Konditorei angeboten worden, berichtet das kroatische Alternativmagazin *H-Alter online*. Der Journalist entschied sich für den Fotoprotest und wurde von vielen Kollegen unterstützt.

Wer in Kroatien auf sein Geld wartet, muss vor allem eines mitbringen: Geduld. Hakt man freundlich nach, so stößt man nicht selten auf das Unverständnis des überfälligen Kunden. Ein Kollege der Autorin, der eine geleistete Übersetzung schriftlich anmahnte, bekam prompt einen Anruf von seinem Auftraggeber: »Bei Ihnen ist es wohl ein wenig eng mit dem Geld?«

Auch die Autorin musste einmal lange auf ihr Honorar warten: Sie hatte eine Übersetzung für eine kroatische Agentur erledigt und eine Rechnung gestellt. Nach vielen Wochen, E-Mails und Mahnungen tat sich – nichts. Gut zwei Jahre später ging das Geld, völlig unerwartet und plus Überziehungszinsen, auf ihrem Konto ein. Ganz ohne Anwalt, dafür mit folgendem, oberschlauen Kommentar: »Jetzt haben Sie sich mal nicht so, andere Freelancer müssen noch viel länger warten ...«

Die schleppende Zahlungsmoral zieht sich durch alle Bereiche: Sehr verbreitet sind Ratenzahlung, Zahlungsaufschub, Stundung bis hin zum Super-GAU, dem *blokirani račun*. Das bedeutet, dass gar nichts mehr geht, da das Girokonto *(žiro račun)* »geblockt« ist. Es ist jedoch nicht gesperrt, weil man nach einer Partynacht die PIN am Bankomaten dummerweise dreimal falsch eingegeben hat, sondern der Zugriff wird dem Besitzer komplett und dauerhaft verwehrt. Als Geschäftsinhaber kann man dann eigentlich fast einpacken. Laut der staatlichen Finanzagentur FINA, die sich mit diesen Angelegenheiten befasst, galten 2021 über 240.000 Privatleute und 15.000 Firmen als *blokirani građani*: Diese »geblockten Bürger« stecken in dauerhaften finanziellen Schwierigkeiten, können ihre Telefon- oder Stromrechnung nicht begleichen und sind in einer Art Privatinsolvenz.

Die meisten Betroffenen sind unverschuldet in diese Situation geraten: Sie haben weder Spielschulden noch leiden sie unter Kaufsucht. Viele haben schlichtweg ihre Arbeit verloren und konnten daraufhin die laufenden Kreditraten nicht mehr begleichen. Die Wirtschaftskrise, die Koppelung von Krediten an den Schweizer Franken und zuletzt die Corona-Pandemie verschärften die Situation. Bei Durchschnittsgehältern von gut 850 Euro netto, je nach Region, ist es schwierig, aus der Misere herauszukommen, denn die laufenden Kosten werden nicht weniger. Am häufigsten würden die Kroaten ihren Telefon- und Mobilfunkanbietern Geld schulden, aber auch den Banken, so die Angaben der FINA. Hinzu kommt, dass acht von zehn Kroaten einen Kredit abzahlen müssen – in den meisten Fällen für Immobilien, denn Eigentum hat in Kroatien einen besonders hohen Stellenwert. Auch Importartikel sind – nicht zuletzt aufgrund des hohen Mehrwertsteuersatzes von 25 Prozent – oftmals teurer als in Deutschland und anderswo.

Das größte Problem ist der Teufelskreis: Wer einmal in dieser Spirale drin ist, kommt so schnell nicht wieder heraus: Als »blockierter Bürger« einen neuen Job zu finden, ist schwer bis unmöglich. Vielen bleibt nur die Schwarzarbeit oder Familienmitglieder helfen finanziell aus. Das Ganze nimmt jedoch zuweilen auch skurrile Formen an: Nicht nur Invalide, Rentner oder chronisch Kranke werden geblockt, etwa 10.000 der eingefrorenen Konten laufen auf verstorbene Personen! Die Blockade wird an Angehörige weitergegeben, sofern diese das übrige Erbe annehmen.

Aber

Dass die Zahl der »blockierten Bürger« in den letzten Jahren gesunken ist, hängt mit der Auswanderung zusammen: Viele verlassen das Land, finden in Deutschland, Irland oder anderswo in der EU eine Arbeit – und können so ihre Kredite zurückzahlen. Ein neues Gesetz, das die Privatinsolvenz regelt, soll ebenfalls dafür sorgen, dass künftig nicht mehr Zehntausende Bürger pro Jahr ihr Hab und Gut verlieren – das gibt vielen Hoffnung.

IN KROATIEN HAT LICHT VIELE SCHATTENSEITEN

Dass es eigentlich stockdunkel ist, bekommt man auf der Autobahn A1 vor dem Tunnel Sveti Rok nicht wirklich mit: Mächtige Scheinwerfer sorgen nachts für Festbeleuchtung auf dem Weg von Zagreb ans Meer. Doch nicht nur dort: In Istrien soll der Verkehrsknoten nahe der Stadt Višnjan auf der Schnellstraße »Istrisches Ypsilon« sogar heller in den Nachthimmel strahlen als die Ortschaft nebenan, kritisieren kroatische Astronomen. Maximal beleuchtete Schaufenster in den Innenstädten garantieren, dass man bei einem – wenig wahrscheinlichen – Mitternachtsbummel auch ja kein mögliches Lieblingsstück übersieht.

Vielerorts im Land kann man sich die Beine nachts ohne Sturzgefahr auf holprigen Feldwegen vertreten, die in Flutlicht getaucht werden. Oder man kann bei Dunkelheit problemlos in einem Park spazieren gehen, in dem jeder einzelne Baum ins Rampenlicht gerückt wird. So wie in der Čikat-Bucht der beliebten Ferieninsel Lošinj: In dem geschützten Parkwald wird bei Dunkelheit, gefühlt zumindest, Stamm für Stamm sorgfältig ausgeleuchtet. Ob das aus »Sicherheitsgründen« für die Gäste der naheliegenden Hotels tatsächlich erforderlich ist, mag dahingestellt sein.

Gut zu wissen

Allzu viel Helligkeit in der Nacht, die sogenannte Lichtverschmutzung, hat natürlich ihre Schattenseiten: Sie tut weder Mensch noch Tier gut. Nachtfalter, Singvögel und Fledermäuse werden in ihrem natürlichen Rhythmus gestört, auch der menschliche Tag-Nacht-Zyklus gerät aus dem Takt. Ein Flutlicht, das bis zum Morgengrauen in Ihr Schlafzimmerfenster strahlt? Schon der Gedanke daran hinterlässt lilafarbene Augenringe: Das Licht hält den Körper davon ab, ausreichend Melatonin zu produzieren, das als »Schlafhormon« gilt. Wer eine hat, zieht sich in diesem Fall lieber die Schlafbrille an. Tiere reagieren auf dieses menschengemachte Phänomen mit einer schwindenden Population.

Oft strahlen sehr helle Reflektoren bedeutsame Bauwerke in Kroatien an. Astronomen kritisieren, dass so manche Lichtkegel zudem »nur ungefähr« in die richtige Richtung strahlen. Ihre Forderung: Allzu helle

Beleuchtung im öffentlichen Raum solle am späten Abend eingedämmt werden. Dann flaniere ohnehin kaum jemand mehr durch Parks mit beleuchteten Baumkronen. Energiesparende und umweltschonende Außenbeleuchtung solle zudem überall selbstverständlich werden. Dazu gehöre, dass nicht jede winzige Gasse in der Innenstadt hell beleuchtet sein müsse, denn das viele Licht führe dazu, dass der Himmel über Zagreb nachts sogar 24-mal heller sei als der natürliche Nachthimmel.

In Brüssel wurde zudem der Wunsch geäußert, Straßen außerhalb geschlossener Ortschaften nicht auszuleuchten – hierfür gibt es in Kroatien bisher keine eindeutige Regelung. Kritiker bleiben skeptisch: Es bringe nichts, ausschließlich auf Ökobeleuchtung zu setzen, und dann jede Straße und jeden Feldweg in helles Licht zu tauchen. LED-Leuchten allein seien keine Lösung, wenn die Lichtverschmutzung dennoch zunehme.

Aber

Ein relativ neues Gesetz soll die Lichtverschmutzung in Kroatien regeln: Senkrecht in den Nachthimmel hinaufstrahlende Scheinwerfer werden demnach komplett abgeschafft. Das direkte Anstrahlen von Wohnhäusern wurde, zum Schutz der Gesundheit ihrer Bewohner, stark eingeschränkt. In bestimmten Schutzgebieten sind Leuchtreklametafeln verboten, zudem werden zunehmend LED-Lichter mit einer Farbtemperatur von maximal 3.000 Kelvin verwendet. Zur besseren Einordnung: Das natürliche Licht während eines Sonnenuntergangs liegt bei etwa

3.300 Kelvin. Ehe das neue Gesetz auf den Weg gebracht wurde, kam kurzzeitig die Idee einer nächt-
lichen Beleuchtung der Plitwitzer Seen auf. Kurze
Erinnerung: Nationalpark, Biodiversität, geschützte
Flora und Fauna ...

Trotz allem gibt es in Kroatien noch viele Orte mit sehr
dunklem Nachthimmel, etwa in der dünn besiedelten
Bergregion Lika, im Velebit-Gebirge oder auf abgeschie-
denen Inseln wie Lastovo oder dem Kornaten-Archipel.
Sogar in Zagreb, etwa auf dem Sava-Damm, findet man
nächtliche Dunkelheit. Solche Orte ziehen Sternfreunde
aus ganz Europa an, die hier ganz ungestört die Milchstraße bewundern können, die man in vielen »überbe-
leuchteten« europäischen Städten längst nicht mehr am
Himmel erspähen kann. Die Gegend rund um Petrova
Gora an der bosnischen Grenze trägt sogar den Titel
International Dark Sky Park, eine Art Auszeichnung
für eine außergewöhnliche Nachtlandschaft. Um diesen
Titel für sich beanspruchen zu dürfen, müssen die Ster-
nenparks bestimmte Auflagen erfüllen. Ziel ist es, den
Nachthimmel zu schützen, Besucher anzuziehen und
die Öffentlichkeit für das Thema zu sensibilisieren. Jedes Jahr im August wird dort ein Meteoritenschauer gefeiert, heißt es auf der Website darksky.org. Sicher geht
dabei so mancher Wunsch in Erfüllung ...

EINE FRAU OHNE MANN WIRFT IN KROATIEN VIELE FRAGEN AUF

34
Singledasein

Weiblich, Single, Mitte 30, eine eigene Wohnung und ein guter Job. Das klingt nach einem sorgenfreien Leben. Anderswo vielleicht, in Kroatien fehlt jedoch noch das Sahnehäubchen zum perfekten Glück: Ein Mann und mindestens ein Kind. Kommt das im Lebenskonzept einer volljährigen Frau nicht vor (»Heiraten, ach wo!«), sorgt dies für besorgte Blicke. »Was fehlt dir?« wird zur zwingend gestellten Frage, die nicht auf das körperliche Wohlbefinden abzielt. Manchmal wird es auch konkreter formuliert: »Warum hast du noch keinen Mann? Was ist dein Problem, einen zu finden?« Das Wörtchen »noch« hat bei dieser Frage eine zentrale Bedeutung: Eine Beziehung, oder besser die Ehe ist in

Kroatien eine Selbstverständlichkeit. Und je weiter sich eine Frau von »Ü18« und ihrer Volljährigkeit entfernt, desto neugieriger werden nicht nur die eigenen Verwandten, sondern auch die Nachbarin der Großmutter oder deren Untermieterin. Kurzum: Gefühlt halb Kroatien nimmt dann Anteil am eigenen – und eigentlich privaten – Singledasein.

Der zaghafte Protest, auch ohne Mann glücklich zu sein, wird gerne überhört. Abgesehen von Ordensschwestern ist es nur ganz wenigen Frauen moralisch gestattet, männerlos durchs Leben zu gehen: Etwa Studentinnen, die gerade fürs Examen büffeln müssen und (vorerst!) keine Zeit haben, oder Frauen, die ihren Ehemann bereits zu Grabe getragen haben, da die Anzahl potenzieller Kandidaten in der Altersklasse »Ü80« doch ziemlich ausgedünnt ist. Von allen übrigen Frauen wird in Kroatien ein Lebenspartner inklusive Trauring erwartet – keine Diskussion. Das grammatikalische Gendern bringt an dieser Stelle nichts, denn eine Lebenspartnerin passt auch nicht unbedingt zum konservativen Lebenskonzept vieler Kroaten. Die Autorin, die mit über 30 »noch« Single war, wurde einmal von einem Kollegen gefragt, ob sie vielleicht Frauen möge, da sie ja keinen Mann habe (kein Scherz!).

Dauert die Suche nach einem Mann zu lange (»Jetzt sei nicht so wählerisch! In deinem Alter war ich schon längst unter der Haube und hatte drei Kinder!«) oder sieht die Lage eher hoffnungslos aus (»Als Vegetarierin wirst du es sehr schwer haben, einen richtigen Kroaten zu finden!«), bleibt nur noch der Hilferuf nach ganz oben. Da schließt einen die eigene Tante schon mal ins Abendgebet mit ein und bittet um göttlichen Beistand und darum, dass (bitte möglichst bald) ein Mann (egal, irgendeiner) auftauchen möge. Dezent wird auf alle möglichen (und unmöglichen) Junggesellen hingewiesen, die bisher noch ohne Frau durchs Leben gehen und daher verfügbar sind, etwa der schrullige Kauz am Ende der Straße (»Er ist zwar komisch, aber er hat noch keine Frau«). Die Tischordnung bei Festen oder Hochzeiten wird ebenfalls nach dem aktuellen Beziehungsstatus ausgerichtet (»Ich habe dich neben einen netten älteren Witwer gesetzt«), ganz nach dem Motto »Was nicht ist, kann ja noch werden« ...

War der göttliche (oder familiäre) Beistand eines Tages tatsächlich fruchtbar, und das erste (oder gar zweite) Date steht ins Haus, wird es – zumindest in den Augen besorgter, älterer Nachbarinnen – ernst: Zunächst wird, mehr oder weniger diskret, nach den konkreten Zukunftsplänen gefragt (»Worauf wartet ihr noch?«), und schon im nächsten Satz wird die zweistöckige Hochzeitstorte geplant.

Verläuft die Beziehung mit dem netten Mann, den man gerade erst vor wenigen Monaten kennengelernt hat, ohne konkrete Handlungen, wird die fürsorgliche Anteilnahme der Verwandten und Bekannten immer größer: »Wann plant ihr ein Kind?« Schiebt frau diesen Gedanken erst einmal lautstark von sich, gibt es sicherlich irgendwo noch einen älteren, wohlmeinenden Großonkel oder Nachbarn, der das ernst zu nehmende

»Problem« bereits kennt und nun auch noch seinen Senf dazugibt: *»Žena nije prava žena, ako nije majka«* – eine Frau ist keine richtige Frau, wenn sie keine Mutter ist.

Zeitsprung: Ist das erste Kind dann endlich da (selbstverständlich erst *nach* der Hochzeit, alles hat seine Ordnung), wird bereits nach dem Planungsstand für das zweite gefragt. Doch damit nicht genug: Sind die Kinder erst einmal größer, dreht sich die Fragespirale plötzlich um deren Liebesglück. Wann die Tochter denn nun endlich gedenke, unter die Haube zu kommen? Und wann denn das erste Enkelchen geplant sei – und schon fängt der Spaß wieder von vorne an.

JUGOSLAWIENS ÜBERVATER HIELT DIE VÖLKER ZUSAMMEN

35
Tito

J osip Broz, genannt Tito, hatte viele Leidenschaften: Der ehemalige jugoslawische Staats- und Parteichef auf Lebenszeit (1892–1980) jagte gerne Braunbären und schmückte sich mit seinen Trophäen, trug mit Vorliebe maßgeschneiderte weiße Anzüge als Markenzeichen, rauchte Zigarren und umgab sich gerne mit Stars und Sternchen aus Hollywood sowie mit Politikern aus der ganzen Welt. Keine Frage, Titos Lebensstil war luxuriös und kostete sehr viel Geld. Das Loch in der stets klammen jugoslawischen Staatskasse wurde damit gerechtfertigt, dass Tito Eleganz an den Tag legen müsse, um die Regierung gebührend zu repräsentieren. Da gönnte man sich schon mal die eine oder andere Villa (34 insgesamt!), ein Schlösschen und ein ganzer Inselarchipel durften im Repertoire nicht fehlen. Im Sommer hatte er eine Lieblingsvilla am Meer: Auf den Brijuni-Inseln, heute ein für alle zugänglicher Nationalpark, soll er die Filmdiva Sophia Loren mit Pasta bekocht haben. Bosnien mit seinen vielen Braunbären war hingegen ein perfekter Ort, um mit ausländischen Diplomatengesellschaften durchs Unterholz zu streifen (böse Zungen behaupten, man habe die Bären bewusst in Titos Jagdrevier freigelassen). Bevorzugt reiste Jugoslawiens Alleinherrscher in seinem luxuriösen Salonwagen, dem Blauen Zug. Oft war er auch mit seiner Yacht *Galeb* (die Möwe) unterwegs, die zuletzt lange im Hafen von Rijeka vor sich hinvegetierte und anlässlich des Titels »Europäische Kulturhauptstadt 2020« in ein Museum hätte verwandelt werden sollen.

Manche formulieren es so: »Tito war Jugoslawien.« Seine Partisanenbewegung im Zweiten Weltkrieg ist untrennbar mit der Gründung des sozialistischen Jugoslawiens verbunden. Die Sozialistische Föderative Republik Jugoslawien (SFRJ) war ein Vielvölkerstaat und bestand aus sechs Teilrepubliken: Slowenien, Kroatien, Bosnien und Herzegowina, Serbien (mit den beiden Autonomen Provinzen Vojvodina und dem Kosovo), Montenegro und Mazedonien. Es war ein Staat, in dem Völker, Nationalitäten und Minderheiten gleichberechtigt sein sollten. Tito hielt die »Brüderlichkeit und Einheit« als Ideal stets hoch.

Doch das ehemalige Staatsoberhaupt hatte auch seine dunklen Seiten, über die heute in Kroatien viel lieber gesprochen wird. Er wird unter anderem für das Massaker von Bleiburg in Kärnten verantwortlich gemacht, unliebsame Kritiker ließ er auf der Gefängnisinsel Goli otok einfach wegsperren, und unter seiner Führung gab es Spitzel, Repressionen, Menschenrechtsverletzungen und politische Morde – sogar in Deutschland. Dieses dunkle Kapitel der kroatischen Geschichte wurde jedoch nie wirklich aufgearbeitet und sorgt somit bis heute für Spekulationen, insbesondere bezüglich der Opferzahlen.

Tito schlug einen eigenen Weg für Jugoslawien ein: Er sagte »Nein« zu Stalin und erklärte seinen Vielvölkerstaat, gemeinsam mit Indien, Ägypten und Indonesien, zu einem blockfreien Staat. Im Gegensatz zu den Ostblockstaaten genossen die Jugoslawen unter Tito jedoch mehr Freiheiten und durften beispielsweise ins Ausland reisen, was viele für Shoppingtouren nach Graz oder Triest nutzten. Trotz des Kalten Krieges tänzelte Tito auf einem angespannten Hochseil zwischen Ost und West, kokettierte mit den einen und anderen – und baute so wichtige Beziehungen auf. Ungeachtet einiger fragwürdiger Entscheidungen war er insgesamt sehr beliebt. Zu seinem Begräbnis 1980 reisten Delegationen aus 127 Ländern an, was an eine Vollversammlung der Vereinten Nationen erinnerte – darunter namhafte Persönlichkeiten wie Helmut Schmidt, Erich Honecker, Margaret Thatcher, Leonid Breschnew, Jassir Arafat und Saddam Hussein. Als sein Leichnam im Blauen Zug von der Klinik in Ljubljana nach Belgrad überführt wurde, säumten Hunderttausende Trauernde die Bahngleise. Ihre Anteilnahme am Tod des jugoslawischen »Übervaters« war aufrichtig, die Angst vor der Zukunft groß. Wer würde ihn ersetzen? Wie würde es mit Jugoslawien, das ein durchaus positives Image in der Welt hatte, nun weitergehen?

Tito ist längst nicht Vergangenheit in Ex-Jugoslawien: In Slowenien kamen erst vor wenigen Jahren die Biersorten Tito und Jovanka (das ist der Name seiner Frau) auf den Markt, die in einem Lokal in Novo Mesto von jungen Bedienungen in Pionieruniform ausgeschenkt wurden. In Belgrad gibt es eine jugoslawische Themenbar, in der auch Titos Porträt hängt. In Montenegro benannte ein Unternehmer sein »halbweißes Volksbrot« nach dem Ex-Marschall, um dessen Besorgnis um die Gesundheit seines Volkes zu betonen (halbweißes Mehl ist gesünder als Weißmehl, so die Marketingidee dahinter). Titos Geburtstag wird in seinem Heimatort Kumrovec im Nordwesten Kroatiens jedes Jahr von Nostalgikern gefeiert: Dann werden Souvenirs mit Hammer und Sichel feilgeboten, und an seinem Grab in Belgrad, dem Haus der Blumen *(Kuća cvijeća/cveća)* legen Tausende Blumen nieder. Keine Frage: Tito pflegte den Personenkult wie kein anderer.

Übrigens

Warum feierte Tito seinen Geburtstag am 25. Mai, wo er doch eigentlich am 7. Mai 1892 zur Welt kam? Dafür gibt es laut Tito-Biografen zwei Gründe: Als Revolutionär machte er unterschiedliche Angaben zu seinem wahren Geburtsdatum, und so soll der 25. statt der 7. Mai im Reisepass übernommen worden sein. Zudem entkam er am 25. Mai 1944 nur knapp deutschen Fallschirmjägern, die ihn töten wollten, um die jugoslawische Volksbefreiungsarmee zu schwächen. Tito blieb am Leben und nahm dies zum Anlass, diesen besonderen Tag zu feiern. Somit wurde der 25. Mai ab 1957 zum offiziellen *Dan mladosti*, dem »Tag der Jugend«, einem der größten Feiertage in Jugoslawien mit großem Staffellauf der Pioniere. In etwa muss man sich das wie die Eröffnungsfeier der Olympischen Spiele vorstellen, mit Tausenden von Zuschauern und Teilnehmern in einem Stadion, choreografisch perfekt in Szene gesetzt.

KROATEN LIKEN IHRE PRIESTER

E in Topf mit *sarma*, gefüllten Krautwickeln, steht auf dem Tisch. Tante, Onkel und Cousins fallen sofort darüber her und nehmen sich eine Portion. Halt! So geht das in Kroatien aber nicht. Dort wird erst das Tischgebet gesprochen, ehe man sich etwas auf den Teller lädt. Fast 90 Prozent der Bevölkerung ist katholisch, und dieser Glaube wird im Alltag ganz offen gelebt. Im Friseursalon tönt dann schon mal der katholische Sender Radio Marija aus den Lautsprechern. Bei der Sonntagsmesse trifft man neben der betagten Nachbarin auch gut und gerne das halbe Studentenwohnheim, ebenso wie junge Familien – kurzum, einen guten Querschnitt der Bevölkerung. In einem Werbespot, der zum EU-Beitritt

Kroatiens 2013 ausgestrahlt wurde, fährt eine lachende Nonne auf einem Fahrrad durchs Bild. Die Botschaft ist klar: Die katholische Kirche hat ihren festen Platz in der Gesellschaft.

Diese einflussreiche Stellung wird entsprechend genutzt, um »Empfehlungen« auszusprechen: Als an kroatischen Schulen Sexualkunde als Pflichtmodul eingeführt werden sollte, ließen die empörten Bischöfe sogar Flugblätter verteilen. Abtreibung und Homosexualität sind ebenfalls Themen, über die in der einflussreichen Kirchenzeitung *Glas Koncila* (Stimme des Konzils) skeptisch diskutiert wird.

Übrigens

Ein Selfie mit dem Lieblingspriester in den sozialen Medien? Dazu rief der kroatische, religiöse Satelliten- und Kabelsender Laudato.tv seine Zuschauer einmal auf. Der meistgeklickte Priester konnte mit einer Veröffentlichung seines Lieblingsgebets oder seiner Lieblingspredigt rechnen, dem »Fan« mit den meisten Likes wurden Kaffeebecher in Aussicht gestellt. Die Idee dahinter: Priester seien immer da, wenn man sie brauche, und »dafür lieben wir sie«. Man wolle Dankbarkeit zeigen, aber auch die Wichtigkeit des Priesteramts hervorheben, so der Veranstalter.

Manchmal ist der nationalkonservative Kurs der Kirche jedoch auch fragwürdig, etwa wenn die heilige Messe für Ante Pavelić (siehe Kasten) gelesen wird – trotz Bürgerprotesten vor dem Gotteshaus.

Der Unabhängige Staat Kroatien (NDH) war eine faschistische Marionettenrepublik, die 1941 proklamiert und unter Hitlers Gnaden gestellt wurde. An ihrer Spitze stand Ante Pavelić, der Juden, Serben und andere Minderheiten systematisch verfolgte und ihre Vernichtung anstrebte. Pavelić vertrat die These, dass die Kroaten keine Slawen seien, sondern »germanisches Blut« in ihren Adern hätten. Pavelić war Begründer der faschistischen Ustascha-Bewegung (Ustaša), deren Motto *Za dom spremni* (Für die Heimat bereit) war. Dieser Gruß wurde mit einem erhobenen Arm ausgesprochen und ist somit ohne Weiteres mit dem Hitlergruß gleichzusetzen. In ultranationalen kroatischen Kreisen wurde dieser Gruß wieder salonfähig. Pavelić floh 1945 mit gefälschten Papieren nach Südamerika, wo er 1957 einen Anschlag überlebte, jedoch zwei Jahre später in Madrid, vermutlich an dessen Spätfolgen, verstarb.

Der Einfluss von Religion ist in Kroatien nicht nur groß, sondern identitätsstiftend: Kroaten sind katholisch, während Bosniaken als Moslems gelten und Serben pauschal der orthodoxe Glaube zugesprochen wird – auch wenn die meisten Menschen zu Zeiten des Sozialismus nicht sonderlich gläubig waren. Zwar wurde niemand am Kirchgang gehindert, wer jedoch für den Staat arbeitete, machte lieber einen Bogen um das Gotteshaus. Nicht wenige Kroaten, darunter auch Parteifunktionäre, ließen ihre Kinder dennoch taufen – allerdings heimlich.

Međugorje ist ein Gebirgsort in der benachbarten Herzegowina, in dem viele Kroaten leben. Die Gottesmutter Maria soll dort im Jahr 1981 einer Gruppe von Jugendlichen erstmals erschienen sein und dann immer wieder, jeden Tag – das macht nach Adam Riese mehrere Zehntausend Mal! Gut zwei Millionen Pilger lockt der Ort pro Jahr an, doch der Vatikan zögert bis heute mit der Anerkennung seiner Heiligkeit. Ein Kompromiss wurde erst 2019 gefunden, als Papst Franziskus zumindest offizielle Wallfahrten nach Međugorje erlaubte. Fast geht es dort das ganze Jahr über, wenn nicht gerade die Corona-Pandemie die Welt stillstehen lässt, wie auf der Kirchweih zu, mit rustikalen Pizzerien, Souvenirshops mit unzähligen Heiligenfiguren, Rosenkränzen und Kreuzen sowie Beichtkabinen unter freiem Himmel, vor denen babylonisches Sprachgewirr herrscht. In Kroatien gibt es mehrere Wallfahrtsorte, etwa in Sinj oder Marija Bistrica, an denen an Mariä Himmelfahrt (15. August) besonders viel los ist. Manche Pilger sind sogar die ganze Nacht zu diesen Orten unterwegs!

KÖNIGSMUND LIEGT IN KROATIEN

Es soll Urlauber geben, die sich mitten in Dubrovnik nackt auf eine Treppe stellen und nach ein paar starken Drinks (anders lässt sich dieses Verhalten kaum erklären) fortlaufend »*Shame!*« brüllen, das englische Wort für Schande. Dazu wird eine Glocke geläutet. Das Ganze wird per Video festgehalten und in den sozialen Medien geteilt. Dieses (fragwürdige) Ritual soll eine Hommage an Königin Cersei Lannister sein, die als kurzgeschorene Sünderin den Bußgang (»Gang der Schande«) zum Roten Bergfried antreten musste. Unterwegs wurde sie von der Bevölkerung in den engen Gassen verspottet. Eigentlich sollte Cersei Lannister nackt aus der Kirche des Heiligen Nikolaus

(Sveti Nikola) hinaustreten, was den Kirchenvätern jedoch zu weit ging. Sie forderten den Filmverband empört dazu auf, keine Drehgenehmigung zu erteilen. Nach einigem Hin und Her durfte die Königin die Kirche zwar nicht hüllenlos betreten, jedoch nackt durch die Altstadt laufen.

Falls Sie mit dem legendären »Bußgang« nichts anfangen können, kennen Sie *Game of Thrones* (GoT) vermutlich nicht. Die amerikanische Fantasyserie von HBO besteht aus acht Staffeln und wurde zwischen 2011 und 2018 weltweit gedreht, unter anderem in Dubrovnik. Pardon, in Königsmund (im Original: King's Landing). So heißt die Stadt in der Serie, die irgendwo zwischen Antike und Mittelalter angesiedelt ist – und an fiktiven Orten spielt. Während das für Sie absolut logisch klingen mag, ist das für andere nicht ganz so selbstverständlich: Örtliche Reiseleiter in Dubrovnik erzählen immer wieder, dass sich viele Fans so sehr mit der Serie identifizieren und in ihre Welt eintauchen, dass sie gar nicht realisieren, dass Dubrovnik tatsächlich existiert – und weder Königsmund heißt, noch die Hauptstadt der Sieben Königreiche ist.

Der Hype hat seitdem die ganze Stadt erfasst: In Souvenirgeschäften werden kitschige GoT-Tassen oder T-Shirts feilgeboten und Eisbecher tragen umsatzsteigernde Namen wie »Game of Cones« (engl. *cones* = Eiswaffeln). Örtliche Tourismusagenturen machen mit Stadtführungen an den Originaldrehorten Geld: Umgerechnet 25 Euro kostet ein Rundgang pro Person. Manche Agenturen sind so gut im Geschäft, dass sie – zu Hochzeiten der Serie – täglich acht Touren mit jeweils 40 Teilnehmern durchgeführt haben. Den Umsatz können Sie sich nun selbst ausrechnen.

Während der Dreharbeiten, die Ende 2018 mit der achten Staffel endeten, mussten Geschäfte und Gastronomen in der Altstadt schließen, doch dafür gab es eine Entschädigung. Ohnehin wurde nur in der Nebensaison gedreht. Damit nichts, aber auch gar nichts von den Dreharbeiten nach außen drang, wurden Drohnen und Hunderte von Sicherheitskräften eingesetzt, die das Ganze beaufsichtigten.

Keine Frage: *Game of Thrones* hat den Tourismus in der Stadt beflügelt. Bis zur weltweiten Corona-Pandemie kamen mindestens 60.000 Touristen zusätzlich nach Dubrovnik, so eine Studie, nur um die Drehorte ihrer Lieblingsserie zu besuchen. Was zunächst einmal positiv klingt, ist jedoch nicht unbedingt der Fall: Dubrovnik bräuchte eigentlich keine zusätzliche globale Aufmerksamkeit, da die Stadt durch ein Zuviel an Touristen ohnehin schon an ihre Grenzen gestoßen ist (siehe Kapitel 12, S. 58).

Aber

Andere Orte in Kroatien profitieren hingegen vom GoT-Hype, etwa das nördlich von Dubrovnik gelegene Arboretum Trsteno. Früher ein netter Baumpark mit mächtigen Platanen, lockte der Ort (das galt zumindest vor Corona) dank der weltberühmten Serie deutlich mehr Besucher an. Die Festung Klis in der Nähe von Split suchten früher fast nur Einheimische auf, der Serienhype bescherte ihr Besucher aus vielen verschiedenen Ländern.

IN KROATIEN KANN MAN MIT EINEM MAIGLÖCKCHEN AUSGEHEN

Wenn der kroatische Fußballklub NK Vrčevo Glavica dem runden Leder auf dem Platz hinterherjagt, bringt es nicht viel, seinen Lieblingsspieler durch das Zurufen seines Nachnamens anzuspornen. »Štefanja« heißt dort nämlich jeder. Nun ja, fast. Bei einem Spiel können sich aber durchaus schon mal 15 Spieler mit diesem Nachnamen auf dem Spielfeld tummeln. Laut der Boulevardzeitung *24 sata* soll es zeitweise sogar 21 Clubmitglieder mit diesem Nachnamen gegeben haben. Darunter waren mehrere Geschwisterpaare, während sich drei Spieler auch noch den gleichen Vornamen teilten: Ivan. Wie der Trainer die drei Namensvettern auseinandergehalten hat? Keine Ahnung. Vielleicht hat er ihnen Nummern verpasst? Das muss sich dann in etwa so angehört haben: »Ivan eins, bitte kein Foul ... Ivan zwei, weiter so ... und Ivan drei, noch ein Tooor ...«

Wer ein Spiel der kroatischen Nationalelf verfolgt, wird sich im Hinblick auf die Nachnamen der Spieler vielleicht ebenfalls wundern: Da erobert Rebić den Ball, gibt ihn weiter an Modrić, und Rakitić macht das Tor. Wirklich alles »-ić« in Kroatien? Ja, tatsächlich scheinen die meisten gängigen Nachnamen auf »-ić« zu enden (in Wirklichkeit ist es aber nicht mal die Hälfte aller Nachnamen – und es gibt immerhin 33.000 verschiedene in Kroatien).

Oft wurde das »-ić«, eigentlich eine Verkleinerungsform, einfach an den Vornamen der Mutter (Matronym) oder des Vaters (Patronym) angehängt. Heißt jemand Anić, gab es folglich eine Ana in der Familie. Petrić ist auf Petar zurückzuführen, und Marković lässt auf einen Marko im Stammbaum schließen (wobei sich hier noch das Suffix »-ov« eingeschlichen hat, das ebenso wie »-ić« die familiäre Zugehörigkeit kennzeichnet). Kroatische Nachnamen sind oft auch von Berufen abgeleitet, etwa Mlinar (Müller) oder Mlinarić, in Nordwestkroatien auch Mlinarec. Die Herkunft spielt ebenfalls eine Rolle: Jemand, der Bosanac heißt, hatte – Sie ahnen es schon – Vorfahren aus Bosnien, in der Landessprache Bosna. Manche Nachnamen wurden auch von Spitznamen gebildet: Ein Herr Tihić (von *tih* = ruhig) hatte sicher mal jemanden in der Familie, der eher zurückhaltend war.

Als die verbreitetsten kroatischen Nachnamen gelten übrigens Novak und Horvat. Letzterer ist ungefähr so, als würde jemand »Deutsch« mit Nachnamen heißen (okay, im Kroatischen heißt der Kroate *Hrvat*, also ohne Vokal, aber wir wollen mal nicht kleinlich sein). Und nun raten Sie mal, wie der Platzhaltername für Max Mustermann in Kroatien lautet? Ivan Horvat.

Alle, die ein »-ić« oder ein Sonderzeichen mit Hatschek im Namen haben, werden es kennen: Gefühlt verbringen sie ihr halbes Leben damit, ihren Namen richtig zu buchstabieren – sei es auf dem Amt, beim Arzt oder anderswo. Nicht wenige Auslandskroaten haben daher ihr Sonderzeichen abgelegt, und so findet man auf Klingelschildern in Städten deutschsprachiger Länder den Namen »Miletic« statt »Miletić«. Kein Unterschied? Oh doch: Ersterer wird »Miletik«, bestenfalls noch »Miletiz« ausgesprochen, letzterer ganz korrekt »Miletitsch«.

> ### Aber
>
> In Kroatien gibt es wunderbare und wirklich sehr hübsche Vornamen! Wo sonst auf der Welt können Sie beispielsweise eine Rose *(Ruža)*, Quitte *(Dunja)* oder gar Erdbeere *(Jagoda)* heiraten? Ein Maiglöckchen *(Đurđica)*, so heißt die Mutter der Autorin, ist auch keine Seltenheit und war früher ein beliebter Frauenname. Allerdings geht auch in Kroatien der Trend inzwischen zu kurzen Namen wie Ema, Tea, Mia oder Lea.

Namen sind in Kroatien und anderswo in der Region immer auch ein Politikum. Das gilt insbesondere für Vornamen, die die Eltern für ihr Kind ja bekanntlich frei wählen können. Sie müssen seit dem Zerfall Jugoslawiens bitteschön zur nationalen Zugehörigkeit passen. Natürlich ist nicht immer eindeutig nachvollziehbar, ob ein Name nun »eher kroatisch« oder »eher serbisch« ist – besonders bei Namen wie Igor, Ivan oder Mira, die in allen slawischen Ländern vorkommen. Es gibt allerdings gewisse Anhaltspunkte: Ein Ivan hat meist kroatische Wurzeln, während das serbische Namenspendant Jovan wäre. Auf Deutsch lauten allerdings beide Varianten schlicht Johannes oder Johann. Wenn jemand Samira, Emir oder Sulejman heißt, stammt er oder sie vermutlich aus Bosnien, wo diese Namen seit osmanischer Zeit stark verbreitet sind.

Bei manchen Namen ist die Sache hingegen eindeutig: Kein Kroate würde sein Kind heutzutage vermutlich Srboljub nennen, also den »Serboliebenden«. Ausnahmen bestätigen selbstverständlich die Regel, aber wer will seinen Nachwuchs schon per se Vorurteilen aussetzen? Einen Namen wie Hrvoje, der auf die kroatische Nationalität (*Hrvat, Hrvatska* = Kroate, Kroatien) hindeutet, wird man auf einer serbischen Geburtsurkunde vermutlich eher nicht finden. Und nun raten Sie mal, zu welcher Zeit ein Jugoslav vermutlich geboren wurde?

DIE KROATEN MÖGEN IHRE FREIHEIT

39

Staatsgrenzen

Dass Jugoslawien von Sorgen umgeben war, lernte im Sozialismus bereits jedes Schulkind: *Jugoslavija je okružena brigama*. Dabei geht es allerdings nicht um Konfliktherde, auch wenn *brigama* eine gebeugte Wortform von *brige*, den Sorgen, ist. Das war nur eine Eselsbrücke, um sich die Anfangsbuchstaben der Nachbarländer leichter zu merken: Bulgarien, Rumänien, Italien, Griechenland, Albanien, Ungarn (Mađarska) und Österreich (Austria) – kurz: B.R.I.G.A.M.A.

Die »Sorgen« Jugoslawiens haben sich erst mit dem Zerfall des Vielvölkerstaates mit voller Wucht offenbart, denn zuvor spielte die Frage, wo genau welche Grenze verlief, unter dem Deckmäntelchen der sozialistischen

179

»Brüderlichkeit und Einheit« (bratstvo i jedinstvo) keine große Rolle. Als es dann mit der Völkerfreundschaft vorbei war, begann der Krieg: 1991 zunächst für zehn Tage in Slowenien, bald darauf in Kroatien, 1992 in Bosnien und Herzegowina und 1999 folgte die NATO-Bombardierung in Serbien und der Kosovo-Krieg. Die Grenzen wurden neu gezogen, doch die Sorgen blieben. Mit Slowenien war sich Kroatien seit dem Zerfall Jugoslawiens nicht einig, wo genau die Grenze in der Bucht von Piran verläuft. Alte Katasterkarten wurden akribisch geprüft, der Streit führte sogar so weit, dass Slowenien den EU-Beitritt Kroatiens für mehr als ein Jahr blockierte und die Verhandlungsgespräche stagnierten.

Nach einigem Hin und Her sprach ein Schiedsgericht 2017 die Bucht schließlich mehrheitlich Slowenien zu – was Kroatien wiederum nicht akzeptieren wollte. Slowenien zog vor den Europäischen Gerichtshof, während die Kroaten ihren Nachbarn vorwarfen, das Schiedsgericht bestochen zu haben. Slowenien konterte, dass Kroatien ihren Vertreter beim Schiedsgericht mithilfe des Geheimdienstes bespitzelt habe. Das Ende dieses Konflikts bleibt abzuwarten. Worum es in dem Streit genau geht? Nicht etwa um ein paar Quadratmeter Meer (Kroatien hat ohnehin mehr als 6.000 Kilometer Küstenlänge, Slowenien hingegen nur gut 46 Kilometer), sondern um den Zugang zu internationalen Gewässern sowie um die Fischfangquoten. Und vielleicht ein wenig um verletzte Gefühle.

Der Zank um die Bucht von Piran zieht sich vom Wasser weiter über das Festland: An der Südgrenze Slo-

weniens gibt es einen Anwohner, der mit seiner Starr-
köpfigkeit zum liebsten »Grenzfall« kroatischer und
slowenischer Medien geworden ist. Seit Jahren gibt er
sich wenig einsichtig, machte mit Hungerstreiks auf sich
aufmerksam und provoziert gerne mit Schildern auf seinem Grundstück, auf denen »*Tukaj je Slovenija*« (Hier
ist Slowenien) geschrieben steht. Der Schiedsspruch um
die Bucht von Piran hat nun ausgerechnet seine Parzelle
Kroatien zugesprochen. Bislang soll er, so kroatische Medien, das slowenische Wassernetz angezapft haben, nun
wurde die Leitung allerdings bei Bauarbeiten beschädigt.
Um wieder fließendes Wasser zu haben, müsste er die
kroatische Gemeinde um Hilfe bitten. Sein Kompromiss:
Bis auf Weiteres wird Flaschenwasser genutzt.

Doch auch anderswo entlang der slowenisch-kroati-
schen Grenze herrschen ungewöhnliche Zustände: Ein
altes Traditionsgasthaus in der slowenischen Gemeinde
Obrežje gehörte 1991 plötzlich zu beiden Staaten, denn
die neue Staatsgrenze verlief mitten durch das Gebäude. Diese hat die Wirtin kurzerhand irgendwo zwischen
Tresen und Billardtisch gelb markiert. Mit der neuen
Situation häuften sich allerdings die Kontrollen von
Grenz- und Polizeibeamten, was natürlich nicht gerade förderlich fürs Geschäft war. Als Slowenien 2007 ein
striktes Rauchverbot einführte, durfte man im »kroatischen« Hinterzimmer trotzdem nicht einfach weiter-
rauchen, denn der Eingang des Gasthauses befand sich
in Slowenien – also galt slowenisches Recht für das ganze Gebäude.

Mit Serbien zankt sich Kroatien wiederum um die Grenze entlang der Donau. Diese verläuft nicht überall in der Mitte des Flusses; einige Flussinseln und fruchtbare Grundstücke auf der anderen Flussseite gehören zu Kroatien – zumindest waren sie als ehemalige kroatische Katastergemeinden verzeichnet, ehe sich der Flussverlauf in der Geschichte verschoben hat. Klingt kompliziert? Ist es auch.

Kroatien und Montenegro verbinden ganz im Süden des Landes gut 25 Kilometer gemeinsame Staatsgrenze. Hier wurde man sich bezüglich der Halbinsel Prevlaka nicht einig, einem ehemaligen Militärstützpunkt am strategisch perfekt gelegenen Eingang der Bucht von Kotor. Daher war an dieser Stelle bis 2002 eine UN-Beobachtermission stationiert, die die Entwaffnung dieses Landstrichs überwachen sollte. Noch immer ist der Grenzverlauf in der Adria unklar, da es hier auch um mögliche Erdöl- und Erdgasvorkommen geht – ein lukratives Geschäft, das sich keine der beiden Parteien entgehen lassen möchte.

Mit Bosnien und Herzegowina war man sich hinsichtlich der Pelješac-Brücke uneins: In Sarajevo fürchtete man, dass die 2,4 Kilometer lange Schrägseilbrücke die Zufahrt großer Schiffe in den Hafen von Neum behindern würde. Der 9 Kilometer lange Korridor von Neum trennte viele Jahre Süddalmatien vom übrigen Kroatien. Wer mit dem Auto nach Dubrovnik wollte, musste durch Bosnien und Herzegowina fahren und seinen Pass bereithalten, was besonders im Sommer für lange Staukolonnen an der Grenze sorgte. Das milliardenschwere Brückenprojekt lag lange Jahre auf Eis. Dank einer EU-Finanzspritze wurde ein chinesisches Konsortium mit dem Bau der Brücke beauftragt werden. Mit der Fertigstellung der Pelješac-Brücke 2022 kann man nun durchgehend auf kroatischem Gebiet bis Süddalmatien reisen – ohne bosnisch-herzegowinisches Staatsgebiet passieren zu müssen.

Gut zu wissen

Eine rote Linie, die mal eckig, mal gerade verläuft, durchzieht den Titov trg in Rijeka, der »Europäischen Kulturhauptstadt 2020«. Mit dieser Linie zeichnete der Künstler Damir Stojnić die Grenze nach, die Rijeka (ital. Fiume) vom Vorort Sušak trennte: Nach dem Ersten Weltkrieg bestand hier von 1920 bis 1924 der Freistaat Fiume. Nach dessen Auflösung wurde der östliche Stadtteil Sušak dem Königreich Jugoslawien zugeschrieben, der Westen der Stadt Rijeka gehörte fortan zu Italien. Der Fluss Rječina diente hier als Staatsgrenze, die sich auf dem Festland quer über den Titov trg zog: Das rechte Ufer war als Fiume italienisch, das linke Ufer mit dem Stadtteil Sušak jugoslawisch. Erst 1947 wurde die gesamte heutige Stadt Rijeka Teil der Föderativen Volksrepublik Jugoslawien.

EIN »RICHTIGER« KROATE KANN NUR EINE FRAU HEIRATEN

Z wei Kroaten gehen Hand in Hand nebeneinander und küssen sich ...« So könnte ein utopischer Roman beginnen, der im Jahr 2074 spielt. Machen wir uns nichts vor: Offen gelebte Homosexualität ist in Kroatien leider noch Zukunftsmusik. Das Leben der LGBTQ-Community (engl. für *Lesbian*, *Gay*, *Bisexual*, *Transgender* und *Queer*) spielt sich größtenteils innerhalb der eigenen vier Wände, im Internet oder in den wenigen entsprechenden Klubs des Landes ab.

Wer seine Homosexualität in Kroatien öffentlich macht, wird nicht selten diskriminiert oder riskiert einen Shitstorm in den sozialen Medien. Die kroatischen Zeitungen stürzen sich dankbar auf LGBTQ-

Themen, mit denen sie sich nicht gerade einfühlsam auseinandersetzen. Wer sich öffentlich outet, findet sich mit ziemlicher Sicherheit am nächsten Tag in der Zeitung wieder. »Kroatien hat nun einen schwulen You-Tuber«, lautete die reißerische Schlagzeile, mit der auf einen jungen Mann hingewiesen wurde, der in einem Onlinevideo über das Schwulsein in Kroatien sprach. Als ein angehender Priester zugab, dass er auf Männer stehe – nein, diese Beschimpfungen auf Facebook möchten Sie lieber nicht gelesen haben. Nur so viel sei verraten: Freundlich geht anders!

Gesetzlich verboten ist Homosexualität seit 1977 nicht mehr. Schon in den 1980er-Jahren traf sich die Zagreber Schwulenszene in einem Klub in Bahnhofsnähe, den es bis heute gibt. Als der Krieg 1991 ausbrach, wurde laut kroatischen Sozialwissenschaftlern eine »Re-Patriar-chalisierung der Gesellschaft« ausgelöst. Wer nicht in den Krieg zog, wurde als *peder* (Schwuler) beschimpft. Die katholische Kirche bekam damals großen Zulauf: Sie definierte das Bild der klassischen Familie als Natio-nalgut. Schwulsein hingegen galt als »etwas von außen«, das mit dem jungen Nationalstaat Kroatien nichts zu tun hatte. Das soll freilich nicht heißen, dass es in Ju-goslawien liberaler zuging. Ein Schwuler sagte gegen-über dem kroatischen Fernsehen, dass seine natürliche Neigung damals als »schlimmer als das schlimmste Verbrechen« angesehen worden sei. Heute sei es leider kaum besser, fügte er resigniert hinzu. Er hat nicht ganz unrecht: Nicht wenige Kroaten halten Homosexualität auch heute noch für eine Krankheit.

Der führende Reiseführer für Schwule, *Spartacus International Gay Guide*, stufte Kroatien hinsichtlich seiner Akzeptanz von Homosexualität zuletzt auf Rang 47 (von 197 Ländern) weltweit ein. Acht von zehn kroatischen Männern möchten keine Schwulen in ihrem Bekanntenkreis haben. Befragt man die Frauen, würden immerhin 42–65 Prozent, je nach Quelle, Schwule im Freundeskreis akzeptieren, heißt es in einem Beitrag der kroatischen Redaktion der Deutschen Welle.

Die Gründe für diese Abneigung sind vielfältig: Eine allzu offene Diskussion über dieses Thema würde viele Kroaten überfordern, da es nicht in ihre konservativ-christliche Welt passe und sie nur wenig darüber wüssten, sagen kroatische Psychologen. Auch die überwiegend patriarchale Art der Erziehung hindert viele daran, sich zu outen, aus Angst, mit ihrer natürlichen Neigung nicht von ihrem Umfeld, ihren Freunden, Kollegen und vor allem von der Familie akzeptiert zu werden. Ein junger Student aus der Hafenstadt Split gab zu, dass er sich nach seinem Coming-out davor fürchtete, zusammengeschlagen zu werden. Auch eine 25-Jährige, die ihre Partnerin im Internet kennengelernt hatte, sagte gegenüber der Tageszeitung *Slobodna Dalmacija*, sie fürchte sich im konservativen Dalmatien davor, Zärtlichkeiten in der Öffentlichkeit auszutauschen und habe bereits eine Morddrohung erhalten.

Steine, Flaschen und Tomaten flogen den Teilnehmern der ersten Schwulen- und Lesbenparade Zagreb

Pride entgegen, die 2002 in der kroatischen Hauptstadt stattfand. Kaum besser verlief die erste Schwulenparade 2011 in Split: Den 300 Teilnehmern auf der Riva standen 10.000 Zuschauer gegenüber. Plötzlich wurden Steine geworfen, die Bilanz waren fünf Verletzte, darunter ein Kameramann und ein Ethikprofessor der örtlichen Universität. Die internationale Kritik blieb nicht aus – immerhin stand Kroatien kurz vor dem EU-Beitritt.

Aber

In den vergangenen Jahren hat sich die Stimmung auf den LGBTQ-Paraden gewandelt: So treffen sich bis zu 15.000 Teilnehmer, mit immer weniger Polizeischutz. In der Regel verlaufen die Paraden nun friedlich – mit Ausnahme 2021, als Teilnehmer in Zagreb beschimpft und bespuckt wurden. In Split zeigt man sich seit dem unerfreulichen Debüt ein wenig toleranter – das Ganze braucht jedoch seine Zeit.

Ganz so konservativ, wie sich manche Kroaten geben, ist die Gesetzgebung hingegen nicht: Immerhin gibt es ein Anti-Diskriminierungsgesetz, das es jedem, der aufgrund seiner sexuellen Orientierung benachteiligt wird, ermöglicht, rechtlich dagegen vorzugehen. Das tut jedoch einer Studie zufolge nur jeder Zehnte. Zwei Beispiele: Ein Vermieter aus Zadar stornierte einem schwulen Paar aus Brasilien die Zimmerreservierung mit der Begründung, dass er nicht an Homosexuelle vermiete. Das brachte ihm gehörig Ärger ein: Zunächst kündigten ihm zwei Online-Buchungsportale, dann auch noch

die örtliche Tourismusvereinigung die Zusammen-
arbeit. Der Europäische Gerichtshof für Menschenrech-
te musste sich vor Kurzem mit einem weiteren Fall von
Diskriminierung befassen: Eine Bosnierin durfte im
Rahmen des Familiennachzugs nicht zu ihrer Partnerin
nach Kroatien ziehen – und wandte sich an das Gericht
in Straßburg.

Gut zu wissen

Die gleichgeschlechtliche Ehe gibt es in Kroatien
nicht. Schuld daran ist ein Referendum, bei dem
2013 zwei Drittel aller Wähler dagegen stimmten.
Im Vorfeld hatten Erzkonservative über 700.000
Unterschriften dafür gesammelt, dass die Ehe nur
zwischen Mann und Frau möglich sei. Was hingegen
nicht jeder weiß: Ein Jahr später ermöglichte die Regierung eine »eingetragene Partnerschaft«.

NICHTSTUN IST EINE GROSSE KUNST IN DALMATIEN

D ie *Fjaka* gibt es nur in Dalmatien. Sie ist Lebensmot-
to, Lifestyle und Glücksrezept in einem. Ähnlich wie
bei dem nordisch-gemütlichen Hygge-Hype, der die Welt
begeistert, gibt es keine in Stein gemeißelte Übersetzung –
dafür aber gewisse Parallelen: Es geht bei der *Fjaka* ebenfalls um die kleinen, entschleunigten Glücksmomente im
Alltag. Ganz konkret ist sie jedoch eine Art »Selbstfürsor-
geprinzip«, um einfach mal komplett abzuschalten und
einige Körperfunktionen herunterzufahren. Man drosselt
also nicht nur, wie beim *Pomalo*-Syndrom (siehe Kapitel
23, S. 108), das Bewegungs- oder Arbeitstempo. Vielmehr
verfällt man bei der *Fjaka* in eine Art »Trance«, in einen
meditativen Zustand der Entschleunigung.

Fjaka bedeutet jedoch nicht, dass man einfach nur »unproduktiv herumhängt«, was in unseren Breiten oftmals als Schwäche angesehen wird. Es ist auch keine Faulheit oder Aufschieberitis. In Dalmatien ist diese Technik eine gewisse Überlebensstrategie, wenn die Sonne im Sommer unbarmherzig brennt: Dann kann man eigentlich gar nicht anders, als sich dem Zusammenspiel von Sommer, Sonne und Mittagsruhe hinzugeben. Wer in Dalmatien aufgewachsen ist, beherrscht diese Lebensweise perfekt, denn die *Fjaka* wurde ihm bereits in die Wiege gelegt.

Praxistipp

Wann haben Sie das letzte Mal nichts getan? Rein gar nichts? Probieren Sie es für 10–15 Minuten aus. Sie können mit der *Fjaka* überall starten: auf dem Balkon, im Bett oder auf der Couch. Versuchen Sie, an gar nichts zu denken und schieben Sie aufkommende Gedanken sanft, aber bestimmt beiseite. Diese Übung kann übrigens beliebig lange dauern. Gut, spätestens am nächsten Tag bekommen Sie vermutlich Ärger mit Ihrem Chef, wenn Sie nicht zur Arbeit erscheinen, also halten wir uns für den Anfang lieber an die 15 Minuten.

Fjaka kann man alleine praktizieren oder in der Gruppe: Dazu setzt man sich gemeinsam auf eine schattige Bank und schaut aufs Meer hinaus. Wichtig ist, dass Sie weder miteinander plaudern noch ein Buch lesen, auf dem Smartphone tippen oder auf dem Tablet surfen. Zur Erinnerung: Sie sollen schlicht und einfach gar nichts tun und vollkommen entspannen. Motivieren Sie sich mit der Aussicht, dass zum einen

Ihr persönlicher Stresslevel reduziert wird, und die *Fjaka* zum anderen auch zu einem jüngeren und entspannteren Aussehen beiträgt. Vielleicht hilft Ihnen ein dalmatinisches Sprichwort bei der Vorbereitung: »Die Arbeit ist kein Esel, sie läuft nicht davon.«

Gut zu wissen

»Hvata me fjaka« bedeutet so viel wie »Die *Fjaka* überkommt mich«. Falls Ihnen das jemand sagt, dann nichts wie ab: Lassen Sie ihn allein und stören Sie ihn nicht dabei, denn die *Fjaka* ist eine ernst zu nehmende Angelegenheit.

WER IN KROATIEN BAHN FÄHRT, MUSS ZEIT MITBRINGEN

D er Nachtzug im Münchner Hauptbahnhof rattert langsam los. Nach wenigen Minuten im dunklen Schlafwagenabteil ist nur noch das gleichmäßige Atmen der Mitreisenden zu hören. Es ruckelt in Salzburg, der Zug rangiert in Villach und in Ljubljana zerreißt ein Quietschen die Stille. Wer morgens in Rijeka aus einem der wenigen verbliebenen Waggons klettert, fragt sich, wo die vielen anderen Wagen abgeblieben sind. Die haben sich im Verlauf der Nacht nach Venedig, Budapest, Ljubljana oder Zagreb aufgemacht. Sie merken schon, die Autorin ist ein großer Nachtzugfan: Wie sonst kommt man von München so bequem und ohne Umsteigen in die Kvarner Bucht?

Eigentlich wäre es der Autorin lieber gewesen, wenn der Nachtzug zwischen München und Rijeka ihr kleines Geheimnis geblieben wäre. Aber was soll's: Die Lust auf das Bahnfahren in Kroatien wird Ihnen vermutlich ohnehin im nächsten Absatz vergehen. Die übrigen Zugverbindungen in Kroatien sind nämlich nur für echte Bahnfreunde mit sehr viel Zeit geeignet – um es nett auszudrücken. Das Streckennetz ist »ausbaufähig«, und jeder Überlandbus (die Verbindungen sind wirklich gut!) benötigt nur die Hälfte der Zeit.

Falls es mal eine durchgehende Bahnverbindung gibt, dauert die Fahrt rekordverdächtig lange. Der Regionalzug zwischen Zagreb und Varaždin benötigt für gerade mal 85 Kilometer zwei bis drei Stunden! Wer mit dem Auto fährt, ist hingegen in einer Stunde am Ziel. Die Gegend erstreckt sich nicht etwa in einer abgelegenen Gebirgsregion, was ein Durchkommen erschweren würde, sondern nördlich der kroatischen Hauptstadt in Richtung Slowenien.

Den slowenischen Nachbarn in dieser Region geht es übrigens kaum besser: Wer mit dem Zug von Maribor in die im Osten des Landes gelegene Stadt Lendava fahren möchte, den führt die Strecke automatisch durch Kroatien. Die Trasse verläuft entweder über Čakovec (4,5 Stunden, zwei Umstiege) oder über Zagreb (9 Stunden). Nun halten Sie sich fest: Wir reden hier von lediglich 80 Kilometer Wegstrecke!

Sollten Ihnen all diese Verbindungen sehr langsam vorkommen, tröstet Sie vielleicht ein Blick in die

Vergangenheit: Der k.u.k.-Adel, der die Winter gerne im milden Seebad Opatija in der Kvarner Bucht verbrachte, ließ sich die Sachertorte mit der Wiener Südbahn an die »Österreichische Riviera« bringen. Zwölf Stunden dauerte es, ehe der Kuchen im bis heute mondänen Kurort ankam. Und wenn sich der Kaiser morgens auf dieser Strecke rasierte, ruckelte der Hofzug mit gerade einmal sechs Stundenkilometern von Wien nach Opatija-Matulji noch langsamer als sonst – damit sich euer Hochwohlgeboren nicht etwa versehentlich das edle Gesicht zerschnitt. Heute bringt ein prunkvoller Salonwagen Nostalgiker gegen ein entsprechendes Honorar an bestimmten Terminen nach Opatija-Matulji.

Generell lässt sich die kroatische Adria nur mäßig gut mit dem Zug erkunden: Die Gleise enden in Split, auf dem Landweg kommt man nur mit dem Bus oder mit dem Auto bis nach Dubrovnik. Wer von Zagreb nach Rijeka will, muss stolze 4,5–6,5 Stunden Fahrzeit einplanen – für rund 130 Kilometer. Besonders hartgesottene Reisende fahren sogar mit der Eisenbahn von Zagreb nach Pula, an die Südspitze Istriens – mit bis zu sechsmal Umsteigen inklusive Busfahrt und einer Teilstrecke, die durch Slowenien führt.

Wem das alles zu stressig ist, der fährt am besten entlang stillgelegter Bahngleise – und zwar mit dem Fahrrad: Die 123 Kilometer lange Parenzana-Strecke von Triest über Koper nach Poreč verbindet Italien, Slowenien und Kroatien miteinander. Früher verkehrte hier eine Schmalspurbahn; unter Mussolini wurden die

Schienen 1935 demontiert und nach Äthiopien verschifft, das damals noch Abessinien hieß, wo sie jedoch niemals ankamen. Der Radweg führt durch alte Tunnel und über beeindruckende Viadukte. Auch die ehemalige Schmalspurbahntrasse Ćiro in Süddalmatien ist seit Kurzem ein länderübergreifender Radweg für Nostalgiker – und fast noch ein Geheimtipp! Sie verläuft von der Herzegowina über die Grenze bis ins Konavle-Tal südlich von Dubrovnik. Dabei mündet sie in die Radroute 8, die mit 5.888 Kilometer Länge durch elf europäische Länder führt. Die österreich-ungarische Monarchie, die ab dem ausgehenden 19. Jahrhundert auch in Bosnien und Herzegowina herrschte, ließ die Schmalspurtrasse errichten, um die Kriegshäfen an der Adria mit den Städten im Hinterland sowie mit Zentraleuropa zu verbinden. Wer heute über das hügelige Terrain strampelt, merkt nichts mehr davon – weit und breit nur wunderbare, grenzenlose Landschaft.

Aber

Es gibt natürlich auch empfehlenswerte Bahnstrecken in Kroatien: Der Nachtzug zwischen Zagreb und München, aber auch die Strecke nach Vinkovci gehören eindeutig dazu. Zudem ist auch der Nachtzug von Zagreb nach Split immer eine Fahrt wert, für kleines Geld können Sie hier sogar das eigene Auto oder Motorrad verladen und mitnehmen. Längst schon haben auch Interrail-Reisende diese Bahnstrecken für sich entdeckt. Die Preise innerhalb Kroatiens sind generell günstig, und wer abends einsteigt, ist am nächsten Morgen in Split – nur wenige Meter vom Meer und dem Fährhafen entfernt.

Einem Experiment der kroatischen Bahngesellschaft trauert die Autorin seit Jahren hinterher: dem *disko vlak*. Im sogenannten Discozug zwischen Zagreb und Split gab es einen Waggon mit Ausschank und Glitzer-Discokugel, in dem man sich die Nacht bei lauwarmem Bier und guter Musik um die Ohren schlagen konnte. Die Pressestelle der kroatischen Bahngesellschaft hatte eine ganze Schar Journalisten zu diesem Ereignis eingeladen. Und wie es bei Pressereisen so ist, war selbst das lauwarme Bier irgendwann alle und die Letzten sanken erst im Morgengrauen, kurz vor der Ankunft in Split, in die Retro-Ohrensessel im Sitzabteil. Am kommenden Tag wurde am Strand »recherchiert«, ehe es abends wieder nach Zagreb zurückging – mit einem ordentlichen Kater im Gepäck. Warum der Discozug eingestellt wurde, hat die Autorin nie erfahren, aber so eine ruckelnde Discokugel während der Fahrt hat schon was für sich. Vielleicht wird diese ausgefallene Idee ja doch irgendwann wieder aufgegriffen – die Hoffnung stirbt ja bekanntlich zuletzt.

DIE KROATEN HÖREN HEIMLICH TURBO-FOLK

Turbo-Folk ist eine Musikströmung: Stampfender Technopop wird mit orientalischen Klängen gemischt. In den Texten werden die verflossene Liebe, aber auch fragwürdige Ideale wie das große Geld oder prunkvolle Autos besungen.

Mit einem motivierenden Zwischenruf »*ooopaaa, ooopaaa*« oder dem gesamtbalkanischen Aufruf »*hajde, hajde*« wird den Fans bei Konzerten ordentlich eingeheizt. Vielleicht kennen Sie dieses im Balkan typische Wort ja aus dem Kindergarten, wo bosnische oder türkische Eltern nicht müde werden, ihren Nachwuchs mit einem ungeduldigen »*hajde, hajde*« zum schnelleren Anziehen zu ermuntern.

Wer in der Turbo-Folk-Branche erfolgreich sein will, muss mindestens ein paar weiße Hosen (Männer) oder einen engen Minirock vom Typ »breiter Gürtel« (Frauen) für entsprechende Auftritte besitzen. Silikonbrüste sind sicher auch kein Ausschlusskriterium, um eine Turbo-Folk-Karriere zu starten – im Gegenteil.

Wenn Sie sich in der Szene ein wenig auskennen, werden Sie nun vielleicht empört sein. Sie werden dieses Buch möglicherweise wütend in die Ecke werfen und laut aufschreien: »Ha, Turbo-Folk! Was haben wir damit zu tun? Das ist nicht kroatisch, das ist ein serbisches Phänomen. Die Autorin hat ja keine Ahnung!«

Okay, Sie haben recht. Wutanfall vorbei? Dann geht es nun weiter mit dem Thema »Turbo-Folk in Kroatien«. Tja, eigentlich könnte das Kapitel an dieser Stelle zu Ende sein, denn offiziell gibt es gar keinen Turbo-Folk in Kroatien. Im öffentlichen Rundfunk würde niemand auf die Idee kommen, solche Musik aufzulegen. Wo denken Sie hin, Turbo-Folk? Millionen von Klicks bei YouTube, die rein zufällig aus Kroatien kommen? Ach wo, das ist sicher nur serbische Propaganda. Oder irgendein russischer Hacker, der Kroatien in ein schlechtes Licht rücken möchte ...

Gut zu wissen

Turbo-Folk gilt als Subgenre des volkstümlichen Schlagers *(narodna muzika)*. Die Musikströmung wird immer wieder mit serbischen Neureichen, Nationalisten, Mafiabossen und Milošević-Anhängern der 1990er-Jahre in Verbindung gebracht – daher lehnen viele Kroaten den Turbo-Folk radikal ab. Berühmt wurden die Turbo-Folk-Stars durch die Unterstützung regierungsnaher serbischer TV-Sender wie Pink TV. Auch wenn der Turbo-Folk heute immer wieder totgesagt wird: Es gibt ihn noch, auch bei der Ex-jugoslawischen Diaspora im Ausland. Zu den Superstars gehört Ceca (Svetlana Ražnatović), die Witwe des serbischen Milizenführers Arkan (Željko Ražnatović), der in einer Belgrader Hotellobby erschossen wurde. Ceca stand später unter Hausarrest, da sie Gelder veruntreut haben soll – was ihrer Popularität in Serbien wiederum kaum geschadet hat.

Und in Kroatien? Vor ein paar Jahren wurde die Autorin in einem kroatischen CD-Shop mit hochgezogenen Augenbrauen belehrt: »So etwas hört man bei uns nicht, das gibt es hier nicht zu kaufen.« Das war noch zu Zeiten, bevor es YouTube und Musikstreaming im Internet gab. Damals fuhren kroatische Turbo-Folk-Fans einfach über die Grenze nach Bosnien und Herzegowina, um ihre Lieblingsmusik zu hören. In der mehrheitlich serbisch besiedelten Republika Srpska, unweit der Grenze, öffneten windige Typen ihren Kofferraum, und ganze Kollektionen selbstgebrannter CDs mit miesen Farbkopien des Originalcovers kamen zum Vorschein. Sie waren oftmals krumm geschnitten und die silberfarbenen Scheiben waren, wenn überhaupt, von Hand beschriftet. Dafür waren die Raubkopien spottbillig.

So weit musste man jedoch gar nicht unbedingt fahren: In Zagreber Studentenwohnheimen gab es – ebenfalls vor dem Smartphone- und YouTube-Zeitalter –

immer wieder Aushänge von Studenten mit eigenem CD-Brenner (der noch vor 20 Jahren eine echte Goldgrube war!). Auf den Zetteln stand nur »CD-ovi«, und jeder wusste Bescheid, dass es hier Musik aller Art gab, inklusive der neuesten Ceca-Hits – allerdings nur bis zur nächsten Razzia, dann verschwanden die Zettel erst einmal für eine Weile.

Aber

Die junge Generation in Kroatien, die den Krieg nur aus Erzählungen kennt, geht mit der Musikströmung entspannter um. Sie verbindet den Turbo-Folk nicht mit serbischen Nationalisten, sondern betrachtet ihn eher als Partymusik. Zuletzt gab es sogar organisierte Partyzüge, die Hunderte Feierwütige von Zagreb nach Belgrad brachten. Warum? Die junge Partycrew kreischte dafür einen einfachen Grund in die Kamera eines kroatischen Fernsehsenders: Das Nachtleben in Belgrad sei angeblich besser als das in der kroatischen Hauptstadt. Das hören viele national gesinnte Kroaten natürlich überhaupt nicht gerne, und Kriegsveteranen rufen regelmäßig zum Boykott von Konzerten serbischer Sänger in Kroatien auf. Zu schmerzhaft ist die Erinnerung an den jüngsten Krieg, den sie mit dieser Musik in Verbindung bringen. Beim Rujanfest 2019 in Zagreb traten vier serbische Superstars auf: Bajaga (eine der Top-Rockbands zu jugoslawischen Zeiten), Miroslav Ilić (Schlager-Volksmusik), Željko Joksimović (Pop) und Seka Aleksić (Turbo-Folk). Im Vorfeld empörten sich Veteranenverbände und forderten ein Auftrittsverbot. Der Veranstalter rechtfertigte sich: Man habe die serbischen Sänger aufgrund ihrer Popularität in Kroatien ausgewählt, so der kroatische Privatsender Nova TV.

Nicht so Ihr Ding? Dann versuchen Sie es mit traditionellen dalmatinischen *klapa*-Gesängen. Dabei trällern Männerchöre mit gebauschten Kniehosen und weißen Hemden a cappella von der Liebe zum Meer oder zur Heimat. Mit ein wenig Glück hören sie einen *klapa*-Chor, der im Sommer draußen in einer engen Altstadtgasse probt. In Omiš findet jedes Jahr das eindrucksvolle »Festival der dalmatinischen *klapa*-Chöre« statt – und das schon seit 1966. Die polyphonen Gesänge sind wirklich zum Dahinschmelzen schön!

IN KROATIEN HAT DER SCHULBUS EINEN ANKER

Kroatien ist ein Inselparadies. Skipper geraten regelmäßig ins Schwärmen, wenn sie von ihren Fahrten um die winzigen Eilande, Felsen und Riffe erzählen, etwa rund um den Kornaten-Archipel. Und ganz ehrlich, wer träumt nicht gelegentlich von einem Stückchen Land, das vom Meer umspült wird? Unter silbergrauen Olivenbäumen sitzen, ein paar Feigen aus dem eigenen Garten genießen und aufs Meer hinausschauen?

Das »richtige« Inselleben ist jedoch kein Zuckerschlecken. Es beginnt, wenn die letzten Sommergäste wieder abgereist sind. Dann schließen die meisten Restaurants, manchmal sogar der einzige Lebensmittelladen vor Ort. Die große Ruhe kehrt ein, die Herbststürme fegen über die menschenleeren Inseln. Traum oder Albtraum? Das hängt ganz davon ab, wie jung und gesund man ist, sagen viele Inselbewohner. Benötigt jemand ärztliche Hilfe, und zwar dringend, müssen Rettungsschiff oder Hubschrauber vom Festland herbeieilen. Für kleinere Zipperlein gibt es eine örtliche Ambulanz. Dort, wo nur wenige Menschen leben, etwa auf der Insel Olib, ankert die Ambulanzfähre zweimal pro Woche mit Arzt und Krankenschwester an Bord. Ansonsten behilft man sich auf den Inseln bereits seit Jahrhunderten mit Kräutern, die als Tee, Wickel oder Likör manchmal besser wirken als jede Medizin.

Susak in der Kvarner Bucht ist eine kleine Insel, die sogar Sandstrände hat, was in Kroatien eher selten ist. Ganzjährig leben hier etwa 100 Menschen. Die dort ansässige Lehrerin betreibt nebenbei das einzige Restaurant vor Ort und vermietet zudem Zimmer an Touristen. Eine pensionierte Krankenschwester führt eine Miniambulanz. Im Sommer gibt es eine Bäckerei, das einzige Lebensmittelgeschäft hat nun auch im Winter geschlossen – die Miete sei zu hoch, berichteten kroatische Zeitungen. Bei schlechtem Wetter, wenn die Fähre nicht verkehrt, müssen die Insulaner auf ihre Vorräte zurückgreifen.

Wer mit Kindern auf einer Insel lebt, muss noch weitere Kompromisse eingehen: In der Regel werden jüngere und ältere Schüler gemeinsam unterrichtet. Manchmal gibt es mehrere Jahre überhaupt keine schulpflichtigen Kinder, wie beispielsweise auf Olib. Die örtliche Schule hatte zuletzt drei Jahre lang geschlossen, inzwischen gibt es hier wieder zwei Kinder. Diese werden von einer Lehrerin aus Zadar unterrichtet, die an Unterrichtstagen mit der Fähre anreist. An Orten, an denen die Fähre nur ein- oder zweimal pro Tag verkehrt, müssen die Lehrer vor Ort leben. Mancherorts wird eine Wohnung gestellt, um ihnen das Inselleben schmackhaft zu machen.

In der Regel sind Insellehrer für mehrere Schulfächer zuständig. Unterstützung gibt es mittlerweile durch das Internet: Seit einigen Jahren – nicht erst seit der Corona-Pandemie – werden Inselschüler im Homeschooling per Internet unterrichtet. Dabei werden sie einer Klasse auf der Nachbarinsel oder auf dem Festland zugeschaltet.

Doch auch das funktioniert nicht immer wie gewünscht: Vor allem in den Anfangsjahren des E-Learnings war die Internetverbindung oft schwach, und nicht selten wurde mehr Zeit mit der Technik als mit dem eigentlichen Lernstoff verbracht. Hinzu kam ein nicht geringer Geräuschpegel aus dem Liveschaltungsklassenzimmer, wie eine Auswertung des Projekts *e-otoci* (E-Inseln) ergab. Was bleibt, ist die Einsamkeit vor dem Bildschirm: Es gibt keine Klassenkameraden, mit denen man in der Pause sein Butterbrot teilen oder Herumtoben kann. Aber dieses Schicksal kennen, spätestens seit Corona-Zeiten, auch Schüler anderswo in der Welt, die nicht auf einer kroatischen Insel leben.

Größere Inseln wie Krk, die durch eine Brücke mit dem Festland verbunden sind, haben kaum Schwierigkeiten: Ältere Schüler können problemlos weiterführende oder Fachschulen in Rijeka besuchen und am Nachmittag mit dem Bus wieder nach Hause zurückkehren. Sie sind nicht auf die Fähre angewiesen, was ein enormer Vorteil ist. Größere Inselschulen haben zudem ganz andere Möglichkeiten hinsichtlich der Anzahl von Kindern und Lehrpersonal: Die Mittelschule in Bol auf der Urlaubsinsel Brač wird von rund 130 Schülern und Schülerinnen in zwei Schichten besucht (Vormittags- und Nachmittagsunterricht, wie es in Kroatien üblich ist, da es oft an Räumlichkeiten fehlt).

KROATISCHE MÄNNER HABEN LANGE ... NASEN

Kein anderes Meer auf der Welt ist so kristallklar, sauber und wunderbar wie die Adria. In keinem Land gibt es so viele hübsche Frauen wie in Kroatien. Nirgendwo schmeckt der Fisch besser. Die Natur ist die schönste weltweit – denken Sie doch nur mal an die weltberühmten Plitwitzer Seen ... Sie ahnen es schon: Die Kroaten übertreiben gerne und werden nicht müde, Ihnen von all den Besonderheiten ihres wunderbaren Landes vorzuschwärmen. Ohne Superlativ vom Meer erzählen? Oder von den dalmatinischen Frauen? Das geht in Kroatien nicht.

Wie gängig Übertreibungen im Alltag sind, zeigt ein Blick auf den »kleinen Freund« des kroatischen Mannes: Die Durchschnittslänge des männlichen Glieds beträgt global etwa 14 Zentimeter. Diese Zahl, Sie ahnen es bereits, toppen die kroatischen Männer natürlich locker: Sie gönnen sich noch 1,5 Zentimeter obendrauf. Der Penis eines kroatischen Mannes ist also, um Ihnen das noch einmal vor Augen zu führen, stolze 15,5 Zentimeter lang. Und das durchschnittlich! Das hat die Umfrage eines Kondomherstellers vor ein paar Jahren ergeben. Ob die Ergebnisse stimmen, oder ob die Kroaten wieder einmal ein wenig übertrieben haben, weiß natürlich niemand so genau. Und ob die berühmte Länge der Nase mit anderen Körperteilen korreliert, darüber hat die Autorin leider keine eindeutige Studie gefunden. Das ist aber vielleicht auch besser so – nicht, dass bei weiterer Vertiefung dieses Themas eventuell der männliche Stolz verletzt wird.

Harte Fakten

Mal abgesehen davon, dass die Kroaten den Superlativ im Blut haben, gibt es tatsächlich ein paar wissenschaftlich belegte Rekorde: In Dalmatien wohnen zum Beispiel die größten 18-Jährigen in ganz Europa! Das ist nun keine Übertreibung der Autorin, sondern wurde mithilfe von 2.500 jungen Menschen zwischen 17 und 20 Jahren ermittelt. Das Ergebnis: Die Dalmatiner sind durchschnittlich 184,1 Zentimeter groß. In der Stadt Makarska messen die männlichen Jugendlichen sogar bis zu 187,6 Zentimeter! Bislang galten die 18-jährigen Niederländer mit durchschnittlich 182,4 Zentimeter Körpergröße als die größten Menschen der Welt. Interessant ist, dass die Herzegowiner und Montenegriner (rund 183,4 Zentimeter) in den an Dalmatien angrenzenden Regionen fast genauso groß sind wie ihre Nachbarn.

Die Kroaten sind körperlich nicht nur groß, sondern auch recht schlank. Das gilt vor allem für Frauen: Die Kroatinnen bringen es laut amtlicher Statistik durchschnittlich gerade mal auf 63 Kilogramm (Deutschland: 68 Kilogramm), die Kroaten hingegen auf stattliche 86 Kilogramm (Deutschland: 82 Kilogramm). Vor allem in den Großstädten, etwa in Zagreb und Split, fällt jedoch auch ohne Statistik auf, dass sehr auf das eigene Äußere geachtet wird: Schlanke, herausgeputzte Frauen mit Pumps in der Farbe ihrer Handtasche und femininen Kleidern oder Röcken prägen das Alltagsbild. Mit Jeans, Sneakers und Rucksack zur Arbeit? Zumindest bei Bürojobs undenkbar.

Dass Schlanksein angesagt ist, zeigen auch die Zuschauerzahlen für Realityshows wie *Život na vagi* (etwa »Ein Leben auf der Waage«), das RTL Hrvatska nach der US-Lizenz *The Biggest Loser* sendet. In Kroatien versammelt das Finale der Show bis zu 700.000 Zuschauer vor den Bildschirmen, was bei knapp vier Millionen Einwohnern nicht garade wenig ist. Auch sonst fesselt die Abnehmshow regelmäßig jeden siebten Einwohner (also insgesamt etwa 580.000 Menschen) vor die Mattscheibe.

KROATISCHER SCHNAPS ERSETZT EINE DROGERIE

Nicht nur die römisch-katholische Kirche verbindet Kroatien mit dem Vatikan, sondern auch ein alkoholisches Getränk: der Wein. Nach dem Vatikan und Andorra steht Kroatien weltweit an dritter Stelle beim Weinkonsum: Gut 44 Liter pro Kopf und Jahr werden dort laut einer Umfrage getrunken. Neben Wein gehört Bier zu den beliebtesten Getränken in Kroatien, im Trend liegt aktuell Craft Beer aus kroatischen Mikrobrauereien.

Kroatischer Wein wird im Ausland jedoch oft unterschätzt. Die Zeiten, in denen Masse statt Klasse zählte, sind definitiv Vergangenheit. Die neue Generation Winzer gibt sich besonders viel Mühe und keltert in den meisten Fällen vorzügliche Weine. Darunter auch den maischevergorenen, naturtrüben Orange Wine, der in Höhlen oder auf dem Meeresgrund gelagert wird, um optimal zu reifen. Ein Weißwein aus dem slawonischen Städtchen Ilok wurde sogar auf der Hochzeit von Prinz Harry und Meghan Markle ausgeschenkt – als einziger kroatischer Wein auf der Karte!

Als Kroatien vor einigen Jahren die Null-Promille-Regelung im Straßenverkehr einführte, murrten viele Kroaten. Unter anderem beklagten sich Priester, dass sie nun nicht mehr ihren Messwein trinken dürften, wenn sie anschließend mit dem Auto die nächste Gemeinde ansteuern wollten. Die Alkoholgrenze wurde kurz darauf wieder angehoben auf 0,5 Promille, sodass ein Schlückchen Wein nicht mehr strafbar ist. Für junge Fahrer unter 25 Jahren bleibt Alkohol am Steuer jedoch tabu – und das ist auch gut so.

Ein Klassiker in Südosteuropa ist Rakija, ein klarer Schnaps: Wer eine Flasche Sliwowitz (Pflaume) oder Travarica (Wildkräuter) zu Hause hat, spart sich den Gang zum Arzt oder in die Apotheke – denn der Selbstgebrannte hilft gegen so ziemlich alles: Wenn es im Magen grummelt, die Füße kalt sind oder eine Erkältung im Anmarsch ist. Und wenn es im Rücken zwackt, löst der gut einmassierte »Zaubertrank« alle Verspannungen. Manche Hausfrauen nutzen den Hochprozentigen sogar zum Fensterputzen: Kein anderes Mittel soll für besseren Glanz und mehr Streifenfreiheit sorgen. Eine Verwandte der Autorin hat immer einen kleinen Flachmann in der Handtasche. Werden ihr die Serpentinen von Zagreb ans Meer zu viel, zückt sie den Selbstgebrannten und beruhigt damit ihren Magen. Natürlich nur auf dem Beifahrersitz.

Gut zu wissen

Rakija kauft man in Kroatien auf dem Bauernmarkt, oder besser noch, man bekommt eine Flasche von Bekannten und Verwandten. Fast jeder Kroate kennt jemanden, der Schnaps selbst brennt.

Schnaps ist oft die Basis für einen fruchtigen Likör. Dabei ist alles erlaubt, was gefällt, am Baum oder Strauch hängt, oder auf »-ica« endet: Medica (Honig), Orahovac (Walnuss, aus den grünen Schalen), Borovnica (Blaubeere) oder der in Istrien verbreiteten Lovorino (Lorbeer). Der aus dem rubinroten Teran-Wein hergestellte Teranino ist ebenfalls ein Hit. Der istrische Mistelschnaps Biska aus Hum (übrigens mit nur rund 30 Einwohnern die kleinste Stadt der Welt) wird aus den Blättern, nicht aus den giftigen Mistelbeeren hergestellt. Egal welche Sorte, hauptsache *domaće*, also hausgemacht – und (meist) gut trinkbar.

Praxistipp

Zu aufwändig? Keine Panik! Rakija-Bars liegen momentan voll im Trend. In Zagreb und Rijeka kann man über 50 Sorten Schnaps verkosten, bevor man seinen Favoriten auswählt. Sliwowitz ist mittlerweile zudem kein pures Getränk mehr, sondern wird auch in Cocktails gemixt.

Ältere Männer in Kroatien riechen manchmal nach Schnaps. Nicht, weil sie sich schon am frühen Morgen einen genehmigt hätten, sondern weil sie sich die Haut nach dem Rasieren damit einreiben. Gut möglich, dass von dem »natürlichen Aftershave« auch noch das eine oder andere Gläschen zum »Desinfizieren« im Magen landet. Wobei: An manchen Tagen, etwa an Heiligabend oder bei anderen Feierlichkeiten, wird auch schon vor dem Mittagessen Schnaps getrunken. Aber natürlich alles in Maßen.

Praxistipp

Kleiner Hinweis für den Kneipenbesuch: Die Kroaten prosten sich mit einem überschwänglichen *»Življeli!«* gerne zu, lassen die Bierkrüge aber nicht so derb krachen wie auf dem Oktoberfest. Ausländer können es mit der Aussprache »Schiffeli« versuchen. In einer Bar oder einem Café gibt es in der Regel keine Snacks, Sie sollten sich die überlebenswichtige Grundlage also schon vorher anfuttern. Geraucht wird zudem gut und gerne, allerdings nur in Raucherkneipen oder in einem der vielen Straßencafés unter freiem Himmel.

DIE KROATEN MACHEN MIST ZU GOLD

Die meisten Kroaten sind einfallsreiche Zeitgenossen. Sie haben immerhin den Sozialismus überlebt, als Einwegwindeln, Nylonstrümpfe und Kaffee knapp oder so teuer waren, dass ohne gute Quellen und Vitamin B im Ausland nichts ging. Da musste improvisiert werden. Alles, was man irgendwann vielleicht mal brauchen konnte, wurde aufgehoben. Das gilt noch heute für tierische Exkremente, konkret: für Eselmist. Der liegt in der Landschaft herum, muss aufgelesen und entsorgt werden. Wenn man sich schon die Arbeit macht, warum sollte man den Dung nicht einfach aufheben – und zu Gold machen? Schon war die Geschäftsidee geboren: Klein, fein und handverlesen werden die tierischen Exkremente nun vermarktet. Jeder kann den Kot – selbstverständlich gut getrocknet und geruchlos – in einer hübschen Holzschachtel für umgerechnet fünf Euro erwerben. Die stilvoll geschwungene Aufschrift »*Lucky donkey shit*« soll skeptische Urlauber davon überzeugen, dass sich Glück tatsächlich kaufen lässt. Wer den »glücklichen Eselmist« genauer untersucht, findet zudem eine winzige grüne Kugel im Kot, einen »Talisman«, der eigentlich nur das verdaute Gras in sich bündelt. Das ökologische Souvenir stammt von der besonders bei Tauchern beliebten norddalmatinischen Insel Dugi otok (Lange Insel).

Mit Mist lässt sich auch anderweitig Geld verdienen: Landwirte, die zu viel Tierkot haben, etwa Kuhmist, düngen damit ihre eigenen Felder kostensparend. Manche bieten die tierischen Exkremente auch an einer Güllebörse an. Auch Elefantendung ist eine wahre Goldgrube: Er hat den gleichen Brennwert wie Holz und spart beispielsweise dem Kölner Zoo jährlich 100.000 Euro Heizkosten. Aus Kuhfladen lässt sich sogar Vanillinextrakt gewinnen, wie japanische Wissenschaftler laut Deutschlandfunk Nova kürzlich festgestellt haben.

Auch die Esel aus dem ehemaligen Zoo von Split auf dem Hausberg Marjan wurden zu Goldeseln gemacht: Ihre Ausscheidungen werden marketingwirksam »in frischer Adrialuft getrocknet« und anschließend ebenfalls hübsch verpackt. Wer möchte, wählt die mit Goldfarbe verschönerte Variante. Eine kleine Broschüre mit Liedern und Gedichten rund um den

Esel gibt es als Goodie dazu. Bloßer Profit? Nein. Eine gemeinnützige Organisation vertreibt dieses außergewöhnliche Geschenk mit einem klaren Ziel: Man will daran erinnern, dass der Esel früher fest zu Dalmatien gehörte – und in dieser Region inzwischen leider ziemlich selten geworden ist. Die moderne Lebensart und der Tourismus, der inzwischen lukrativer ist als die Landwirtschaft, bedrohen den Esel: Gab es in Dalmatien vor 20 Jahren noch gut 40.000 Esel, sind es heute nur noch rund 2.000 Tiere, schätzen kroatische Experten.

Im kargen, steinigen Dalmatien waren die Menschen schon immer auf Esel angewiesen. Schon vor 900 Jahren taucht der Esel im Statut von Korčula auf. Das gesellige Tier gilt als das »älteste Taxi Dalmatiens« und hatte als Haustier seine feste Aufgabe: den Menschen beim Transport zu helfen. Eine Last von 120 Kilogramm ist kein Problem für den robusten »Dalmatinischen Esel«, eine einheimische Gattung. Die kargen, steinigen und oft steilen Böden wurden mithilfe der zuverlässigen Unpaarhufer bestellt – da konnte keine Landmaschine mithalten.

Übrigens

Um auf das Verschwinden des geselligen Tieres aufmerksam zu machen, findet jährlich ein beliebtes Fest statt: das Eselrennen in Tribunj, nördlich von Vodice. Wer dort auf die Altstadtinsel will, kommt zudem an einem »Denkmal für den Esel« vorbei, heute ein beliebter Selfie-Hintergrund.

Der kroatische Designer Danijel Popović, der für seine Briefmarken mit Natur- und Landschaftsmotiven bekannt ist, hatte vor einigen Jahren übrigens eine ähnliche Idee: Er begann, den Dung der Braunbären aus der Bergregion Lika zu vermarkten. Die Inspiration fand der Künstler in Amerika, wo man *bullshit* (wörtlich: Bullenmist, im übertragenen Sinne: Schwachsinn) kaufen konnte.

Praxistipp

Es ist gar nicht so einfach, das passende Souvenir zu finden. Falls Sie noch zu sozialistischen Zeiten in Jugoslawien waren, steht bei Ihnen sicher ein hölzerner Storch irgendwo herum: ein schmal geschnitzter Staubfänger mit spitzem Schnabel, ein echtes Retro-Souvenir. Vielleicht sind Sie auch stolzer Besitzer eines Wandtellers mit den beiden Türmen der Zagreber Kathedrale? Die Jugo-Souvenirs wurden inzwischen von in China produzierten Armbändern, Aschenbechern und Billigmagneten abgelöst, auf die mit Filzstift »*Croatia*« aufgepinselt wurde. Es gibt jedoch auch wunderbare, handgefertigte Souvenirs wie handgenähte Taschen aus einer der verwinkelten Gassen von Rovinj, istrische Kažuni-Steinhäuschen im Miniaturformat, hausgemachtes Olivenöl, Lavendelprodukte von der Insel Hvar oder Trüffeln aus Istrien – alles regionaltypisch und wesentlich nachhaltiger als die austauschbaren »Made in China«-Mitbringsel.

FÜR DIE KROATEN BEDEUTET BALD SOFORT

S agen wir es mal diplomatisch: Die Kroaten haben ein »flexibleres« Verständnis von Zeit als etwa die Hanseaten. Eine Deadline, die Abgabe eines Auftrags? Ach, ja, das war ja gestern. Stimmt. Wird zur Kenntnis genommen. *Nema problema*, heißt die allkroatische Zusicherung, bei der sofort alle Alarmglocken schrillen sollten. *Nema problema* bedeutet wörtlich, dass es »kein Problem« sei. Das wird gerne lautstark und mit einem zuversichtlichen Schulterklopfen verkündet – auch dann, wenn jeder weiß, dass das ohnehin nichts mehr werden kann.

Der Zeitbegriff ist in Kroatien im Hinblick auf künftige Ereignisse mindestens ebenso uneindeutig. »Die

Wohnung soll bald verkauft werden«, sagte der Vermieter der Autorin in Zagreb eines Tages. Wenn man in Deutschland aufgewachsen ist, poppen in diesem Augenblick unvermeidlich Begriffe wie »Kündigungsfrist« vor dem imaginären Mieterauge auf – kroatische Gene hin oder her. Die Gehirnsynapsen geben sich untereinander zu verstehen, dass es nicht um ein mögliches »sofort« gehen kann, sondern dass »ein paar Monate Vorlauf« immer drin sind, wenn es um Wohnungsverkäufe geht. Zumindest in Deutschland.

Wenige Tage später sorgt jedoch ein dunkelhaariger Mittvierziger mit silbernem Brillenrand beinahe für einen Herzinfarkt bei der Autorin. Prompt nach der Ankündigung des Vermieters, dass die Wohnung verkaufen werden soll, steht nun ein fremder Mann mitten in der Wohnung. Dunkelblaues Polohemd, Ledertasche. Zu vornehm für einen gewöhnlichen Dieb, doch solche Gedanken kommen erst viel später. Beide Seiten sind wie gelähmt. Ein Eindringen in die Wohnung, ohne Klingeln, ohne Klopfen, mit dem Schlüssel. Das sorgt nach jahrzehntelangem *Tatort*-Fernsehkonsum natürlich für maximale Pulsfrequenz. Jetzt nur nicht an die TV-Protagonisten denken. Wie würden diese in solch einer Situation reagieren? Nach der Bratpfanne greifen? Schreien? Doch der Brillenträger ist mindestens ebenso erschrocken, jemanden in der Wohnung anzutreffen. Er stammelt, offensichtlich verwirrt, dass er der Makler sei und er niemanden mehr in der Wohnung erwartet habe, da diese ja »bald« verkauft werde. Er habe bereits einen potenziellen Käufer dabei (ebenso verwirrt, im

Türrahmen stehend). Der Wohnungseigentümer habe ihm versichert, dass die Mieterin »bald« draußen sei. Das deutsch-kroatische Zeitverständnis der Autorin schlug in diesem Augenblick Purzelbäume: »Bald« ist also nicht »bald«, sondern eher »sofort«. Gut zu wissen.

Nun denken Sie vielleicht: Das kann Zufall sein. Die Fortsetzung dieser Geschichte war, dass sich zwar schnell eine kleine Wohnung fand, sodass die Autorin das Feld räumen konnte – der neue Vermieter allerdings bereits nach wenigen Wochen flehend vor der Tür stand und sagte, er brauche seine Wohnung wieder zurück, da er sich von seiner Freundin getrennt habe. »In Ordnung«, war die Reaktion der Autorin, die sich hinsichtlich des kroatischen Zeitverständnisses um einiges schlauer fühlte als beim letzten Mal, »Wann?« Zunächst hieß es nur »bald«, dann presste der arme Tropf ein »am liebsten sofort« hervor. Er wisse nicht, wo er übernachten solle ... Nun ja. Zwei Wochen später hatte er seine Wohnung wieder und die Autorin ihre Lektion ein für alle Mal gelernt.

Aber

So ganz durchschaubar sind kroatische Zeitangaben jedoch nie. Ein Bekannter der Autorin sagte immer *»Evo, sad ću ja«*, was so viel heißt wie »Ich komme gleich« oder »Ich erledige es gleich«. Es kann aber auch »Ich komme bald« oder »Ich mache es bald« bedeuten. Nun lässt sich *sad* zwar mit »jetzt« übersetzen, aber »jetzt« kann auch als »bald« interpretiert werden. Und »bald« ist in Kroatien so etwas wie eine unbekannte Variable im Rechensatz, die sich so gut wie nie richtig ermitteln lässt.

Was man den Kroaten nicht abstreiten kann, ist hingegen ihre Zuverlässigkeit: Wer etwas ausgemacht hat, hält sich in der Regel auch daran (nun ja, meistens eben). Einfach eine Verabredung zu »schwänzen« gehört nicht zum guten Ton. Höchstens, wenn es mal draußen regnet, stürmt oder zu heiß ist. »Ivan kommt heute nicht zum Kroatischkurs« – eine WhatsApp-Nachricht, die fünf Minuten vor Unterrichtsbeginn verschickt wird. Kurz vor knapp abzusagen ist für viele Kroaten völlig normal. »Ich komme ein wenig später« hingegen impliziert auch gerne mal 30 oder 40 Minuten, mindestens jedoch das akademische Viertel. Sie können Ihre Armbanduhr also eigentlich gleich zu Hause lassen.

KROATISCHER BODEN KANN GEFÄHRLICH SEIN

Eigentlich ist Kroatien ein recht sicheres Land: Handtaschen werden eher selten gestohlen, und Autos woanders weitaus häufiger aufgebrochen. In Sicherheit wähnten sich auch die Bewohner des Dörfchens Čigoč in der Posavina, etwa 100 Kilometer südöstlich von Zagreb. Bis eines Tages mehrere Gegenstände im Dorf spurlos verschwanden: Ein Dorfbewohner hatte seinen Pullover während der Gartenarbeit über den Zaun gehängt. Als er fertig war, konnte er sein Kleidungsstück nirgendwo entdecken. Er verdächtigte seinen Nachbarn und stellte ihn zur Rede, doch das Teil blieb verschwunden. Kurz darauf vermisste eine Dorfbewohnerin ihren Handfeger. Sie konnte sich einfach nicht erklären, wer einen alten Besen entwendet haben sollte.

Eines Tages, als die Dorfbewohner auf ein Dach kletterten, um die Störche zu zählen, die hier jeden Sommer nisten, staunten sie nicht schlecht: Sie waren nicht Opfer von Dieben, sondern von Störchen geworden. Die Vögel hatten nämlich in Čigoč, dem »Europäisches Storchendorf«, kuschelig-weiches Material zum Nestbau gesucht und dabei so ziemlich alles verwendet, was nicht niet- und nagelfest war. Da kamen Pullover und Handfeger gerade recht. Gut 50 Horste gibt es auf den Schornsteinen der alten Eichenhäuser in der Posavina, von denen einer bereits unter der Last eines massiven Storchennestes eingestürzt ist. Wenn der Sommer dann vorbei ist, schmeißen die Dorfbewohner eine Party für »ihre« Störche: Am 24. August, dem Bartholomäustag, gibt es eine Abschiedsfeier im Dorf, dann zieht es die Tiere nach Süden. Am 19. März, dem Josephstag, sind sie wieder zurück – was ebenfalls mit einem Storchenfest gefeiert wird.

So idyllisch, wie es im Storchendorf Čigoč zugeht, ist das Landleben in Kroatien jedoch nicht überall: Noch vor wenigen Jahren war es lebensgefährlich, quer durch Wald und Wiesen zu stapfen – denn in bestimmten Regionen gab es noch sehr viele Landminen aus dem jüngsten Krieg (1991–1995). Allein im Naturpark Lonjsko Polje, in dem Čigoč liegt, wurde die Fläche der potenziellen Minenfelder auf elf Millionen Quadratmeter geschätzt. Die Auenlandschaft rund um die Save gilt als eines der wichtigsten Rastgebiete für Zugvögel in

Kroatien. Sie erstreckt sich an der Grenze zum Nachbarland Bosnien und Herzegowina. Es war eine umkämpfte Gegend, die im Krieg zur Republik Serbische Krajina gehörte oder unmittelbar daran grenzte.

Bis 2028 will Kroatien minenfrei sein. Zunächst wollte man bereits 2009 alle Landminen beseitigt haben, doch dieses Ziel wurde nun schon zweimal verschoben. Mittlerweile müssen noch über 200 Quadratkilometer bearbeitet werden: Offiziellen Schätzungen zufolge befanden sich Ende 2021 immer noch fast 15.000 nicht entdeckte Minen in 40 kroatischen Städten und Gemeinden.

Vor allem in der Gespanschaft Lika-Senj gibt es noch viel zu tun: Rund 80 Prozent der verbleibenden Minen befinden sich in Wäldern und schwer zugänglichen Bergregionen, was dem Minenräumdienst das Aufspüren massiv erschwert. In solchen Gebieten muss Schritt für Schritt gesucht werden, was sehr lange dauert und extrem gefährlich ist. Etwa 20 Quadratmeter pro Person und Tag sind machbar.

Auch in einigen Gebieten in Slawonien sowie in den Grenzgebieten zu Bosnien und Herzegowina, etwa in den Bergen südöstlich von Dubrovnik, gibt es immer noch Landminen. In den Nationalparks, direkt an der Küste, auf den Inseln, in Istrien und im Großraum Zagreb bestehe jedoch keine Gefahr, so das Auswärtige Amt. Von der Europäischen Union fließt viel Geld in das Projekt. Insgesamt sollen bis zu 1,3 Milliarden Euro investiert werden, um Kroatien minenfrei zu machen.

Landesweit gibt es derzeit noch über 11.000 Warn-schilder, die unbedingt beachtet werden müssen. Ein weißer Totenkopf auf einem roten Dreieck mit der Auf-schrift »*Ne prilazite!*« (Nicht betreten) spricht für sich. Dennoch kommt es immer wieder zu Todesfällen: Seit Kriegsende 1995 sind mehr als 200 Menschen durch Landminen in Kroatien ums Leben gekommen, dar-unter rund 40 Minenräumer.

Gut zu wissen

Tagesaktuelle Zahlen, wie viele Landminen es noch gibt und wie der Fortschritt ist, findet man auf der Seite der kroatischen Direktion für Zivilschutz (www.civilna-zastita.hr).

KROATEN HABEN IHRE GANZ EIGENE DEFINITION VON HELDEN

Sein Selbstmord war eine Inszenierung: Der bosnisch-kroatische Ex-General Slobodan Praljak trank 2017, unmittelbar nach seiner Verurteilung im Gerichtssaal in Den Haag, einen Giftcocktail. Er brach zusammen und starb. Praljak war wegen Kriegsverbrechen in Bosnien und Herzegowina zu 20 Jahren Haft verurteilt worden, ihm wurde zudem die Zerstörung der Alten Brücke von Mostar angelastet. Den Richterspruch empfanden viele Kroaten als »tiefe moralische Ungerechtigkeit«, darunter auch führende Politiker. Veteranenverbände protestierten in Zagreb und hielten Transparente in die Kameras, auf denen »*junak*« (Held) stand.

Dieses Thema spaltet Kroatien bis heute: Für die einen sind die Ex-Generäle Kriegsverbrecher, für die anderen sind sie hingegen wahre Helden. Diese Auffassung hängt zum Teil damit zusammen, dass sich Kroatien in der Opferrolle sieht – als ein Volk, das von den Serben angegriffen und von den damaligen Generälen wieder befreit wurde. Der »serbische Aggressor« als Feindbild ist weit verbreitet. Bis heute tut sich Kroatien schwer, eine Mitschuld am Krieg zu akzeptieren.

Als Jugoslawien 1991 zerbrach und sich Kroatien als eigener Nationalstaat formierte, waren viele kroatische Serben dagegen – und leisteten bewaffneten Widerstand. Belgrad spornte sie an und unterstützte sie im jüngsten Krieg, den die Kroaten »Heimatkrieg« (*domovinski rat*) nennen. Es begann eine regelrechte Glorifizierung der Kriegsveteranen, die als »Vaterlandsverteidiger« ihr Leben für die kroatische Unabhängigkeit aufs Spiel gesetzt hatten. Das ging mit einem ausgeprägten Nationalstolz einher, der bis heute in Kroatien weit verbreitet ist. Wer es wagt, Kritik an den »Kriegshelden« zu äußern, bekommt den Unmut der Kriegsveteranenverbände zu spüren und wird prompt mit der Frage konfrontiert: »Und wo warst du 1991?« Ohne eine gescheite Antwort wird man vor allem in ländlichen Gegenden nicht selten als »vaterlandslos« abgestempelt. Ein heißes Eisen, an dem sich kein Politiker die Finger verbrennen möchte. Daher traut sich auch niemand, die Renten und Vergünstigungen der rund 500.000 Kriegsveteranen im Land zu reformieren.

Ein weiterer »Held« ist Ex-General Ante Gotovina. Er war früher Fremdenlegionär, unter Tuđman Armeechef und maßgeblich an der Operation »Sturm« beteiligt. Für den einen ist diese ethnische Säuberung eine »Befreiung von den Serben«, für die anderen, die hierbei ihre Häuser und Heimat verloren haben, hingegen eine unfassbare Tragödie.

Gotovina tauchte nach dem Krieg zunächst unter. Erst zehn Jahre nach Kriegsende wurde er auf Teneriffa verhaftet. Seine Auslieferung war für die Aufnahme der EU-Beitrittsgespräche mit Kroatien zwingend gefordert worden. Gotovina verbrachte sechs Jahre im Gefängnis in Den Haag. Der Vorwurf: »Verbrechen gegen die Menschlichkeit«. Nach einem langen Prozess wurde er schließlich freigesprochen und wie ein Rockstar auf dem zentralen Ban-Jelačić-Platz in Zagreb empfangen. »Der Krieg ist Vergangenheit, lasst uns den Fokus auf die Zukunft richten«, sagte Gotovina, der heute eine Fischzucht betreibt. In Serbien waren hingegen viele Menschen fassungslos über den Freispruch. Viele zweifelten an der Glaubwürdigkeit des Kriegsverbrechertribunals für das ehemalige Jugoslawien – denn ursprünglich sollte Gotovina 24 Jahre lang in Haft bleiben.

Er ist nicht der Einzige, der heute wieder auf freiem Fuß ist: Ein anderer Ex-General soll die Ermordung einer Frau zugelassen haben, nur weil diese Serbin war. Aus der ursprünglich zwölfjährigen Haft wurde er bereits nach wenigen Jahren aufgrund »guter Führung« vorzeitig entlassen. Ein weiterer ehemaliger General soll »nicht gewusst« haben, dass seine ihm unterstellten

Soldaten in einem kroatischen Dorf serbische Zivilisten ermordeten – auch er lebt heute wieder in Freiheit, mitten in Kroatien. Und das sind nicht die einzigen Fälle.

Das UN-Tribunal für das ehemalige Jugoslawien in Den Haag hat seine Arbeit mittlerweile beendet, auch wenn dies vielfach kritisiert wird. Die Wunden sind noch nicht verheilt, das wird noch dauern.

Gut zu wissen

1990 wählten die Kroaten ihren ersten Staatspräsidenten, Franjo Tuđman, der bis heute großes Ansehen genießt. Sein Motto lautete: »Sve za Hrvatsku, Hrvatsku ni za što«, auf Deutsch etwa »Wir geben alles für Kroatien, aber Kroatien geben wir um nichts auf der Welt her«. Die nationale Politik betonte zudem immer wieder, dass Kroatien seit über 1.000 Jahren kein unabhängiger Staat mehr gewesen sei. Die Unzufriedenheit hinsichtlich der serbischen Dominanz, etwa in der Verwaltung oder beim Militär, war groß. Kroatien und Slowenien, die beiden reichsten Teilrepubliken Jugoslawiens, konnten sich allerdings auch nicht vorstellen, die ärmeren Bruderrepubliken im Süden des Landes auf Dauer mitzufinanzieren.

Die ersten Schüsse, bei denen ein Kroate und ein Serbe starben, fielen am »Blutigen Ostersonntag« im Jahr 1991 an den Plitwitzer Seen. Im Sommer brach dann der 10-Tage-Krieg in Slowenien aus, im November 1991 fiel die völlig zerstörte, ostkroatische Stadt Vukovar nach dreimonatiger Belagerung. Der Krieg erreichte 1992 das Nachbarland Bosnien und Herzegowina, in dem die Zugehörigkeit komplett neu definiert wurde: Die Republika Srpska ist heute serbisch dominiert, die Föderation teilen sich hingegen Kroaten und Bosniaken. Was in den 1990er-Jahren mitten in Europa passierte, ist bis heute schwer vorstellbar: Vergewaltigungen, Massenmorde, ethnische Säuberungen, Konzentrationslager und Zwangsvertreibungen prägten in einigen Gebieten Kroatiens den Alltag. Städte wie Zadar blieben nach der Zerstörung der Maslenica-Brücke vom Festland abgeschnitten. Wer heute im Küstenort Kupari südlich von Dubrovnik falsch abbiegt, steht mitten in einer zerschossenen Ferienanlage. Früher machten dort jugoslawische Armeeangehörige Urlaub, heute hängen Tapeten von den Wänden und der Wind pfeift durch die eingeschlagenen Fenster. Es ist ein Lost Place, allerdings in Toplage am Meer, sodass Investoren den Platz schon länger im Visier haben.

Auch Dubrovnik wurde im jüngsten Krieg hart getroffen und fast acht Monate lang von der Jugoslawischen Volksarmee belagert. Dabei fielen vom Hausberg Srd viele Granaten auf die Altstadtdächer. Ein Museum auf dem Berg erinnert an den Krieg, mit der Seilbahn kommt man in wenigen Minuten hinauf. Heute erinnern nur noch Hinweistafeln an den Eingängen in die Altstadt von Dubrovnik daran, welche Gebäude genau beschädigt wurden. Das Museum für Kriegsfotografie in der Altstadt von Dubrovnik (War Photo Limited) zeigt ebenfalls eindrückliche Bilder dieses dunklen Kapitels der Vergangenheit.

FÜR KROATEN DAUERT EIN JAHR EIN GANZES ARBEITSLEBEN

Als es in Jugoslawien irgendwann nicht mehr zum Überleben reichte, machten sich viele Kroaten auf in den Westen. Die deutsche Wirtschaft hatte Hochkonjunktur und rief Gastarbeiter ins Land, die am Fließband standen, Mülltonnen leerten und abends putzen gingen. Die Südeuropäer arbeiteten hart und legten jede mühsam verdiente Deutschmark für den Traum vom eigenen Häuschen in Sinj, Trilj oder anderswo zurück.

Im Sommer ging es mit dem ganzen Stolz, dem hart erarbeiteten Markenauto – oft ein Mercedes – zurück in die Heimat: Auf der Hinfahrt war der Kofferraum voll mit Kaffee, Nylonstrümpfen oder Babywindeln aus dem Westen – alles Dinge, die in Jugoslawien knapp oder viel zu teuer waren. Zurück ging es dann mit hausgemachten Würsten, Speck, Schinken, Wein und Schnaps sowie mit Cedevita-Brausepulver und Kraš-Bonbonnieren im braunen Retrodesign, die in der Ferne das Heimweh lindern sollten.

Irgendwann kamen die Frauen der Gastarbeiter nach, dann die Kinder, die zunächst bei den Groß-eltern geblieben waren. Viele trieb die Hoffnung auf eine schnelle Rückkehr an. Sie sprachen oft nur mä-ßig Deutsch, da sie unter sich blieben – manche sind über diesen Status nie hinausgekommen. Sie sagten sich: »*Još čemo malo*«, wir bleiben noch ein wenig. Vielleicht noch ein Jahr ... Doch das Jahr endete nie, sondern dauerte oft ein ganzes Arbeitsleben lang. Dann wurde der Nachwuchs eingeschult, die Rück-kehr immer wieder in die Zukunft verschoben. Man wartete, bis das Haus fertig gebaut war, die Kinder die Ausbildung beendet hatten oder man selbst in Rente war. Die Kinder lernten die alte Heimat nur aus zwei-ter Hand kennen, aus Erzählungen der Eltern und von Besuchen in den Sommerferien. Schließlich wurden auch die Enkel in Deutschland geboren. Viele kroa-tische Gastarbeiter der sogenannten Anwerbegenera-tion verbringen inzwischen die meiste Zeit im Jahr in Deutschland, wo die Familie lebt und die medizini-sche Versorgung besser ist.

Doch nicht alle Auswanderer waren aus wirtschaftli-chen Gründen nach Westeuropa gekommen: Manchen passten Titos politische Ansichten nicht, andere konnten mit dem jugoslawischen Vielvölkerstaat nichts anfangen und träumten von einem eigenständigen Kroatien. Als es Anfang der 1990er-Jahre endlich dazu kam, brach jedoch der Krieg aus, und an eine Rückkehr war vorerst nicht zu denken. Vielen Gastarbeitern aus Jugoslawien war der plötzliche Nationalstolz der Kroaten, der nun offen gelebt werden konnte, zudem völlig fremd: In Deutschland oder Österreich galt man als »Jugo« und war ganz selbstverständlich mit Serben befreundet; alle sprachen *naški*, die »unsrige Sprache«, und hatten sich irgendwie zusammengerauft.

Wer seinen Traum vom Eigenheim in einem umkämpften Gebiet realisiert hatte, fand nach dem Krieg in vielen Fällen eine zerschossene, geplünderte Ruine vor. Andere hatten mehr Glück: Ihr Haus in Dalmatien oder anderswo wurde vielleicht nur besetzt, aber nicht zerstört. Heute steht es allerdings die meiste Zeit des Jahres leer, oft ist es viel zu groß. Nur im Sommer, wenn die ganze Familie dort gemeinsam Urlaub macht, leben die Häuser auf. Trotz des Tourismusbooms in Kroatien lässt sich mit den schönen Bauten nicht wirklich Geld verdienen: Die Häuser stehen nämlich nicht in erster Reihe am Meer, wo sie für gutes Geld vermietet werden könnten, sondern meist irgendwo im dalmatinischen Hinterland, also ohne Meerblick und oft genau in jenen Gegenden, in denen die Wirtschaft nicht gerade floriert. Eine Rückkehr kommt daher für jene, die Arbeit suchen, nicht infrage. Wer in Rente ist, pendelt nicht selten: Der Winter in Kroatien ist mild, der Sommer heiß, die Enkel in Deutschland – und so werden munter die Koffer gepackt, um allen (auch den eigenen Ansprüchen) gerecht zu werden.

Die zweite und dritte Generation der Kroaten hat sich vollkommen integriert, von einer »kulturellen Zerrissenheit« zu sprechen wäre falsch. Statt zwischen den Stühlen sitzt die junge Generation einfach auf beiden Stühlen: Sie hat in der Regel eine gute Ausbildung und findet das Leben in Wolfsburg, München oder Wien genauso schön wie das Meer in Dalmatien. Sie lebt beide Kulturen, ohne Zerrissenheit oder Entwurzelung, viele haben einen deutschen Pass. Mit fast 400.000 Angehörigen gelten die Kroaten in Deutschland als sechstgrößte Ausländergruppe.

Die Bundesrepublik Deutschland unterzeichnete 1968 ein bilaterales Anwerbeabkommen mit der Sozialistischen Föderativen Republik Jugoslawien (SFRJ). Damit begann die Einwanderung der sogenannten Gastarbeiter. Die meisten trafen mit dem Zug am Münchner Hauptbahnhof ein, von dort aus wurden sie von einer zentralen Stelle in ihre Bestimmungsorte im gesamten Bundesgebiet verschickt. Viele jugoslawische Gastarbeiter fanden in den industriellen Ballungsräumen rund um Stuttgart, München oder im Ruhrgebiet Arbeit. Die Anwerbung von Gastarbeitern aus Südeuropa wurde 1973 angesichts der Ölkrise gestoppt, viele jugoslawische Arbeiter blieben jedoch vor Ort, die meisten holten ihre Familien nach. Mit Kriegsausbruch 1991 vergrößerte sich die Zahl der Jugoslawen in Deutschland (und anderswo) – aus denen über Nacht Kroaten, Serben, Bosniaken, Montenegriner, Slowenen oder Mazedonier wurden. Unter den kroatischen Staatsbürgern in Deutschland gehört jeder Vierte zur sogenannten »neuen Migrationsgeneration«, die nach dem EU-Beitritt Kroatiens kam.

IN KROATIEN SIND SPANFERKEL MÄNNERSACHE

Mit anpacken im Haushalt? Wäsche bügeln, mal einen Knopf annähen? Nicht doch! Kroatische Männer, die so etwas tun, sind Weicheier – so denken viele Menschen der älteren Generation. Das soll natürlich nicht heißen, dass kein Mann in Kroatien einen Finger rührt, ganz im Gegenteil: Kroatische Männer gehen gerne auf den Wochenmarkt, um mit den Händlern über perfekte Tomaten zu plaudern. Sie bringen selbst gefangenen Fisch nach Hause und an Festtagen auch mal ein Spanferkel, das sie im Steingrill den halben Tag lang hingebungsvoll einpinseln, drehen und wenden. Glühbirnen oder platte Autoreifen sind in Kroatien ebenfalls Männersache. Wäsche oder Geschirr überlassen sie dann allerdings doch lieber ihren Frauen. Nur etwa 12 Prozent der kroatischen Männer helfen täglich im Haushalt, zumindest gelegentlich (was auch immer das heißen mag). Einer Umfrage zufolge haben knapp 80 Prozent von ihnen schon einmal beim Wäschewaschen oder Bügeln geholfen, etwa zwei Drittel aller Kroaten übernehmen hin und wieder den Abwasch oder putzen das Haus. Immerhin jeder vierte Kroate vertritt die Meinung, dass die Frau die Hausarbeit erledigen sollte (und nein, diese Umfrage ist kein halbes Jahrhundert alt), während die Frauen der Ansicht sind, dass derjenige, der mehr Zeit hat, sich darum kümmern sollte. Anderswo in Europa sieht die Situation nicht unbedingt anders aus: Nur jeder dritte Mann in der Europäischen Union kocht und erledigt täglich Hausarbeiten – während das auf acht von zehn Frauen zutrifft.

Frauen in Kroatien verdienen nur 88,7 Prozent des Gehaltes ihrer männlichen Kollegen – bei gleicher Tätigkeit und Qualifizierung. Jede dritte Frau zwischen 25 und 64 Jahren arbeitet nicht, da sie ihre Kinder, Eltern oder Schwiegereltern pflegt, was das Risiko der Altersarmut erhöht, so eine Studie der Weltbank. Selbstständig tätig sind nur etwa 7 Prozent der 35- bis 39-jährigen Frauen, lediglich 12 Prozent der Unternehmen beschäftigen Frauen in Spitzenpositionen.

Kroatien hatte zuletzt ebenso viele Frauen im Parlament wie Saudi-Arabien, was dem Land weltweit Rang 97 einbrachte. Eine Frauenquote von 40 Prozent wird angestrebt, zuletzt brachte man es nicht einmal auf die

Hälfte dessen. Seit Jahren liegt der Anteil der Frauen im kroatischen Parlament bei 19 bis 25 Prozent, dafür regierte in Kroatien bis Anfang 2020 die erste Staatspräsidentin des Landes: Die konservative Kolinda Grabar Kitarović – verheiratet, zwei Kinder, zuvor Botschafterin in den USA – stand fünf Jahre lang an der Spitze Kroatiens.

Praxistipp

Gleichberechtigung? Unbedingt! Einen kroatischen Mann zu einem Date einladen? Vergessen Sie das schleunigst wieder! Für Männer gilt: Ein Date mit einer Kroatin? Ergreifen Sie unbedingt die Initiative, vom Mann wird hier nach wie vor erwartet, dass er den ersten Schritt macht – Gleichberechtigung hin oder her.

IN KROATIEN WOHNEN ALLE UNTER EINEM DACH

H otel Mama« ist in Kroatien nichts Ungewöhnliches:
Der 32-jährige Informatiker aus Zagreb, der sich die
Dreizimmerwohnung mit seinen Eltern teilt? Ganz normal, denn bei einem Durchschnittseinkommen von etwa
850 Euro (in der Regel weniger) wird es schwierig, eine
bezahlbare Unterkunft zu finden. Da teilt man sich schon
mal eine Wohnung oder im Härtefall auch ein Zimmer mit
einem Mitbewohner, vor allem während des Studiums. Auf
der Suche nach einem Apartment nahe der Wirtschaftsfa-
kultät in Zagreb findet Google folgende Ergebnisse unter
350 Euro: null. Wer einen Platz im Studentenwohnheim
bekommt, kann sich glücklich schätzen. Auf 6.900 Plätze
kommen in Zagreb mehr als 10.000 Anfragen. Das führt

dazu, dass einige »illegal« im Wohnheim leben, da sie sich keine Unterkunft auf dem freien Wohnungsmarkt leisten können. Wie das funktioniert? Man meldet sich einfach in einer entsprechenden Facebook-Gruppe an, schreibt, welchen Zimmertyp man benötigt (Frau/Frau oder Mann/Mann, Doppelzimmer sind Standard), und wartet auf eine Rückmeldung in der privaten Mailbox. Um dann einen Platz zur Untermiete zu bekommen, muss man einmalig 4.000 Kuna bezahlen, so eine Recherche der Tageszeitung *Večernij list*. Über die Art der Geldübergabe ist der Autorin allerdings nichts bekannt.

Heiratet ein Paar in Kroatien, zieht der Partner oft bei den Eltern mit ein. Mehrere Generationen unter einem Dach sind daher keine Seltenheit, jeder dritte Kroate lebt in einem Haushalt mit mindestens vier Personen. Das Konstrukt hat sich bewährt: Die Großmutter kümmert sich um die Enkel, während die Kinder arbeiten. Teilzeitjobs und Homeoffice steckten – zumindest bis zur Corona-Pandemie – noch in den Kinderschuhen, eine Nanny können sich nur die wenigsten leisten. Also muss die Oma – neben Kindergärten und Schulen – in die Erzieherrolle schlüpfen. Abends kocht die Großmutter nicht selten noch für alle und stellt ihre eigenen Bedürfnisse meist hintan.

Übrigens

Keine Frage, in Kroatien besteht eine große Solidarität zwischen den Generationen. Die Kinder helfen, die Verwandtschaft ebenfalls, jeder wie er kann.

Geht es den eigenen Eltern oder Schwiegereltern nicht mehr so gut, ist es fast schon selbstverständlich, sie zu Hause zu pflegen. Wohnt man nicht ohnehin bereits in einem großen Haus, rückt man notfalls auch in der engen Stadtwohnung zusammen, um den kranken Vater aufzunehmen und zu versorgen. Die Eltern in einem Altersheim unterzubringen ist nicht sehr verbreitet, insbesondere, weil auch hier die Plätze teuer und knapp sind.

Harte Fakten

In Kroatien ist jeder Fünfte älter als 65 Jahre. Altenheime gibt es jedoch nur für höchstens ein Prozent von ihnen: Etwa 11.000 Menschen sind untergebracht, aber siebenmal so viele stehen auf der Warteliste. In Pula etwa muss man knapp zehn Jahre auf einen Platz in einem Alten- und Pflegeheim warten. In einem staatlichen Heim in Zagreb kamen zuletzt 7.000 Wartende auf 300 Plätze. Wie schnell man einen Platz bekommt, hängt von der eigenen Bedürftigkeit ab. Aber: Es tut sich auch viel, denn immer mehr familiäre kleine Altenheime eröffnen und reagieren auf die sich verändernde Gesellschaft und die hohe Nachfrage – sie sind jedoch entsprechend teurer.

IN KROATIEN GEHT NICHTS OHNE VEGETA

Im Internet kursieren unzählige »Psychotests« zum Thema: »Woran erkennt man, dass man ein Kroate ist?« Eine Antwort lautet: »Alle Gerichte deiner Eltern enthalten Vegeta.« An dieser Aussage ist durchaus etwas dran: Vegeta hat in Kroatien Kultstatus und fehlt in (fast) keinem kroatischen Haushalt. Vegeta ist jedoch nicht mit Soda oder Natron vergleichbar, mit denen man Schweißfüßen entgegenwirken oder Gemüse blitzblank putzen kann. Vom Bekanntheitsgrad ließe es sich eher mit Maggi-Würze vergleichen, dem Klassiker in Deutschland.

Die typische Anwendung: Auf dem Herd kocht Mangold auf »dalmatinische Art«, mit reichlich Knoblauch und Kartoffelstückchen. *Blitva*, die obligatorische Beilage in Küstennähe. Auf der anderen Herdplatte brodelt eine *maneštra*, eine istrische Gemüsesuppe mit Bohnen (und was der Gemüsegarten sonst noch so hergibt). Und dann kommt er, der wichtigste Augenblick des Kochrituals in Kroatien: Der Topfdeckel wird gelüftet und es wird gesalzen, gepfeffert und gewürzt, was das Zeug hält. Allerdings nicht mit zufällig ausgewählten Gewürzen, sondern – Sie ahnen es schon – mit Vegeta!

Vermutlich gibt es in Kroatien keine Köchin und keinen Koch, der ohne Vegeta auskommt. Und keinen Auslandskroaten, der sich nicht eine Jahresration Vegeta in den Kofferraum stopft, wenn er zu Besuch kommt. Wobei heutzutage vermutlich auch noch Platz für andere Dinge bleibt, da es das Würzpulver mittlerweile längst in deutschen Supermärkten zu kaufen gibt. Es ist jedoch unbestritten der kroatische Exportschlager (abgesehen vielleicht vom selbstgebrannten Rakija des Onkels, der den übrigen Kofferraum einnimmt).

Im Gegensatz zum Selbstgebrannten – überhaupt lieben die Kroaten alles, was hausgemacht ist – stammt Vegeta aus dem Labor. Die Chemikerin Zlata Bartl (1920–2008) hat das Würzpulver bereits vor über einem halben Jahrhundert für den Hersteller Podravka mit Sitz in Koprivnica, nahe der ungarischen Grenze, entwickelt. Das hat ihr den Spitznamen *teta Vegeta* (Tante Vegeta) eingebracht. Sie ist schuld daran, dass heute kaum ein Kroate ohne dieses magische Pulver auskommt.

Vegeta gibt es für Gesundheitsbewusste mittlerweile auch als »Natural«-Variante: Die Packungsangaben versprechen mehr Trockengemüse statt Geschmacksverstärkern, Aromen und Farbstoffen. Auch als Asia-Mix gibt es das Pulver inzwischen, und die Chilivariante gehört untrennbar zum Paprika-Zwiebel-Tomateneintopf *sataraš* dazu. Klingt in Ihren Ohren immer noch nach einer ganz gewöhnlichen Gemüsebrühe? Versuchen Sie das mal einem Kroaten zu vermitteln – die Suppe, die Sie sich damit einbrocken, dürfen Sie dann ganz allein auslöffeln. Merken Sie sich daher: Vegeta ist einfach nur Vegeta – und sonst nichts. Kein schnödes Gewürzpulver für Suppen und Gemüsegerichte, sondern Vegeta. Das unübertroffene, überlebenswichtige Vegeta. Noch Fragen?

DIE KROATEN DREHEN SICH IM KREIS

Wenn die Kroaten ihre Fußballnationalmannschaft oder eine Hochzeit feiern, sind sie nicht zu bremsen. Beim ersten Ton einer Tamburizza, einem mandolinenartigen Saiteninstrument, fangen sie an, das Tanzbein zu schwingen – aber so richtig! Kein nordisch-dezentes Bewegen des dritten Halswirbels, das als »Tanzen« definiert wird, nein, bei den Kroaten geht es sofort ans Eingemachte – inklusive Händchenhalten, Schwitzen und Mitzählen (»links, links, rechts, links, ach egal, rechts ...«). Wildfremde Menschen tanzen dabei im Kreis und schwingen ihre verschränkten Hände bis auf Brusthöhe hinauf und wieder zurück. Dieser berühmte Reigentanz nennt sich Kolo. Manchmal folgen auch alle einem Vortänzer, dem *kolovođa*, der mit einem Tuch in der Hand wild umherwedelt und wie bei einer Polonaise quer durch den kompletten Tanzsaal keucht – das ist dann ein sogenannter »offener Kolo«.

Volkstänze gibt es auch anderswo, da haben Sie vollkommen recht. Aber der Kolo ist kein Reigentanz, der nur in heimatverbundenen Trachtenvereinen aufs Parkett gebracht wird – den Kolo haben alle Kroaten im Blut (zumindest gilt das für Slawonien, da gibt es nämlich die besten Kolo-Tänzer). Gewinnt die kroatische Nationalmannschaft ein wichtiges Spiel, gibt es kein Halten mehr! Sei es in Frankfurt am Main oder in Wien – dann tanzen kroatische Fußballfans ausgelassen miteinander Kolo (wenn sie nicht gerade im Autokorso über ein paar kirschgrüne Ampeln düsen). Nun stellen Sie sich mal einen Fan von Borussia Dortmund oder dem FC Bayern München mit Kappe und Vereins-T-Shirt vor, der seine Freunde an den Händen fasst und eine altdeutsche Polka tanzt. Mit korrekter Schrittfolge, versteht sich. So in etwa sieht ein Kolo-Ausbruch unter Kroaten aus.

Nun ist der Kolo kein rein kroatischer Tanz, sondern in Serbien, Montenegro, Nordmazedonien, Bulgarien, Rumänien und der Türkei mindestens ebenso beliebt – ein echter Balkan-Tanz eben. Mal geht es, je nach Land, fünf Schritte nach rechts und drei nach links, mal ganz anders – doch auf den ersten Blick sieht alles gleich aus. Genau das kann allerdings fatale Folgen haben: Der Kolo im kroatischen Slawonien unterscheidet sich vom berühmten serbischen Kolo, dem *Užičko kolo*, in Melodie- und Taktfolge. Nur hört das nicht unbedingt jeder raus. Einmal sollen kroatische Fußballfans in Frankfurt am Main unwissend zu einer serbischen Kolo-Melodie getanzt haben, so die Frankfurter Rundschau. Das sorgte im Anschluss für gehörigen Aufruhr, fast könnte man von einem kleinen diplomatischen Eklat sprechen, und das alles nur wegen ein wenig Herumgehopse.

> **Übrigens**
>
> Der »stumme Kolo« *(nijemo kolo)* ist ein traditioneller Kreistanz aus dem dalmatinischen Hinterland, ohne jegliche musikalische Begleitung. Er gehört seit 2011 zum Immateriellen UNESCO-Kulturerbe.

Besonders leicht ist der Tanz allerdings nicht zu erlernen; das zeigen die typischen Pannen, die von drei Tänzerinnen in einem YouTube-Video sehr charmant zusammengefasst wurden: Beim Kolo gibt es garantiert immer jemanden, der in die falsche Richtung läuft. Das muss man sich so vorstellen: Tip-tap, einige Schritte nach rechts, tip-tap, dann einige Schritte nach links. Man zählt einmal kurz nicht mit, die Kehrtwende wird verpasst, und – peng, stößt man mit dem rechten Nachbarn zusammen oder tritt dem linken auf den Fuß. Macht nichts. Krone richten und weitertanzen.

Dann gibt es Leute, die einfach aus Spaß an der Freude mittanzen und eigentlich keine Ahnung von irgendwelchen Schritten haben. Egal: Sie bewegen ihre Füße nach rechts und links, lächeln fröhlich, wippen irgendwie mit – und pfeifen komplett auf den Takt. Sie haben jedoch Spaß dabei, und das ist die Hauptsache!

So richtig fies wird es, wenn man sich neben einem Tanznachbarn wiederfindet, der schwitzige Hände hat. Oder neben einem, der keine Spannung in den Fingern hat, sodass Ihre Hand immer wieder aus seiner rutscht. Da hilft es nur, die Hand des Nachbarn besonders fest zu umklammern, damit der Kreis nicht ständig durchbrochen wird.

Vielleicht ist Ihnen ja auf einer kroatischen Hochzeit schon mal jemand aufgefallen, der den Oberkörper ganz wild vor und zurück wippt, ohne dabei die Beinstellung zu beachten. Das ist »shake your body« (wörtlich: Schütteln Sie Ihren Körper) auf Kroatisch!

Es gibt auch solche Leute, die einfach nur unkontrolliert ihre Arme (und leider auch die der beiden Tanznachbarn) hin und her schwingen. Bei solchen Kolo-Darbietungen soll es schon zu ernsthaften Verrenkungen der Schultern gekommen sein.

Aber

Bei einer »richtigen« kroatischen Hochzeit, bei der an die 400 Leute in einem Hochzeitssalon *(svadbeni salon)* irgendwo in der Herzegowina oder im dalmatinischen Hinterland tanzen, fällt es keinem auf, ob man alles richtig macht. Hauptsache, Sie lächeln ganz entspannt, wippen mit einem beliebigen Körperteil (Oberkörper, Arme) und haben gute Laune. Ein wenig selbstgebrannter Rakija hat schon aus dem steifsten Ausländer einen feurigen Kolo-Tänzer gemacht!

Nicht verpassen

Falls Sie nun Feuer gefangen haben und selbst einmal wirklich schöne kroatische Kolo-Tänze erleben möchten, sollten sie in Slavonski Brod vorbeischauen. Beim *Brodski kolo*, dem ältesten Folklorefestival des Landes, wird die schönste Kroatin in Tracht gewählt, auch aus der Diaspora. Es gibt dort Pferdegespanne und so leckeren slawonischen Kuchen, dass Sie Ihren Gürtel getrost zu Hause lassen können, denn nach ein paar Stücken hält die Hose von ganz allein. Es herrscht wahnsinnig gute Stimmung und die ganze Stadt feiert mit!

Herzlichen Glückwunsch, Sie sind nun offiziell bereit für Ihren nächsten Kroatienurlaub! Die Autorin hofft, Ihnen mit diesem Buch das entsprechende Werkzeug zur Verfügung gestellt zu haben, damit Sie sich vor Ort problemlos zurechtfinden, eventuelle Fettnäpfchen vermeiden und Ihre Zeit im schönsten Land der Welt problemlos genießen können. In diesem Sinne: *Doviđenja i do skorog viđenja* (Auf Wiedersehen und bis bald)!

STICHWORT-VERZEICHNIS

Was die Touristeninformation
verschweigt

Was Sie dachten,
NIEMALS über das REISEN
wissen zu wollen

Was Sie dachten,
NIEMALS über DÄNEMARK
wissen zu wollen

Was Sie dachten,
NIEMALS über die NIEDERLANDE
wissen zu wollen

Was Sie dachten,
NIEMALS über ENGLAND
wissen zu wollen

Was Sie dachten,
NIEMALS über INDIEN
wissen zu wollen

Was Sie dachten,
NIEMALS über JAPAN
wissen zu wollen

Was Sie dachten,
NIEMALS über KANADA
wissen zu wollen

Was Sie dachten,
NIEMALS über KROATIEN
wissen zu wollen

Die junge Frau und das Meer – Coming-of-Age meets Heimat-literatur

SYLVIE GÜHMANN

DIE JUNGE FRAU UND DAS MEER

WARUM ICH IN OSTFRIESLAND DEN ÜBERBLICK BEHALTE

CONBOOK.

Ostfriesland – unendliche Weiten. Und eine Frau, die, umgeben von Wasser, Wind und plattem Land, heranwächst und sich wundert. Sylvie Gühmann berichtet über ihre Angst vor Bergen, grotesken Felsen und Abgründen, von ihrer Angst vor dem Unüberblickbaren.

Sie erzählt von der Wuchtigkeit des Nichts, der Kraft der Leere der ostfriesischen Landschaft und der Teezeremonie, ihrem Alltagsanker. Mit Mitte zwanzig, inmitten der Großstadt Hamburg, fragt sie sich, was sich alle Wandernden mit Mitte zwanzig fragen: Will ich eigentlich zurück?

Sylvie Gühmann
Die junge Frau und das Meer
Warum ich in Ostfriesland den
Überblick behalte

📱 ISBN 978-3-95889-388-7
🅒 ISBN 978-3-95889-392-4

Bestens vorbereitet mit den Reise-Hacks

Die neue gut gelaunte Ratgeberreihe fürs Handgepäck

Reise-Hacks für
Hundemenschen
📖 ISBN 978-3-95889-419-8

Reise-Hacks für
frisch gebackene Eltern
📖 ISBN 978-3-95889-420-4

Reise-Hacks für
Klimabewusste
📖 ISBN 978-3-95889-418-1

Reise-Hacks für
Nackte
📖 ISBN 978-3-95889-422-8

Reise-Hacks für
Laufbegeisterte
📖 ISBN 978-3-95889-421-1

CON
BOOK.

Ein Kompendium der schönsten Strecken Europas

Veronika Wengert und Jörg Dauscher
Nachtzugreisen
Die schönsten Strecken Europas

🔵 ISBN 978-3-95889-416-7
🟢 ISBN 978-3-95889-425-9

In vielen europäischen Ländern schlummerte das Reisen im Nachtzug einen langen Dornröschenschlaf. Nun ist es wieder da! In Zeiten von Slow Travel und Nachhaltigkeit erlebt dieses ganz besondere Reiseerlebnis einen echten Boom: Das Nachtzugnetz wächst, und jedes Jahr kommen neue Verbindungen hinzu.

Spannende Städte, traumhafte Landschaften und weniger bekannte Lieblingsorte lassen sich nicht nur ganz entschleunigt, sondern auch umweltfreundlich bereisen. Lassen Sie sich inspririeren und entdecken Sie die schönsten Nachtzugstrecken in ganz Europa.